कहना उसे

कहना उसे

फ़रहत शहज़ाद

वाणी प्रकाशन

वाणी प्रकाशन
4695, 21-ए, दरियागंज, नयी दिल्ली 110 002

शाखा

अशोक राजपथ, पटना 800 004

फ़ोन : +91 11 23273167 फ़ैक्स : +91 11 23275710

www.vaniprakashan.in
vaniprakashan@gmail.com
sales@vaniprakashan.in

KAHNA USE
by Farhat Shahzad

ISBN : 978-93-87024-94-6
Ghazals

प्रथम संस्करण

मूल्य : ₹ 425

सिटी प्रेस, दिल्ली-110 095 में मुद्रित

वाणी प्रकाशन का लोगो मक़बूल फ़िदा हुसेन की कूची से

'इन्तसाब'

ख़ान साहब मेहदी हसन की नज़्र।

'नफ़स का तार ही है ज़िन्दगी का तार, ग़लत!'

फ़रहत शहज़ाद

O

ख़ालिक़-ए-कायनात रहने दे
कैसे गुज़री हयात रहने दे।

तेरी रहमत पे हर्फ़ आयेगा
मेरे ज़ख्मों की बात रहने दे।

जीत की भीक मौत को देकर
ज़िन्दगी मेरी मात रहने दे।

तेरी तख़लीक़ को ज़माने में
किस क़दर है सबात रहने दे।

बे सबब दिल उदास होगा तिरा
क़िस्सा-ए-दर्द-ए-ज़ात रहने दे।

ख़ालिक-ए-कायनात : दुनिया को बनाने वाला
हर्फ़ आयेगा : इल्ज़ाम आयेगा
किस्सा-ए-दर्द-ए-ज़ात : अपने दर्द की कहानी
मात : हारना
सबात : पायदार, कितना देर चलने वाला
तख़लीक़ : कृति

○

संवारना तो अलग है, संवर सको तो बोहत
ख़ुद अपनी ज़ात की तकमील कर सको तो बोहत

अज़ाब, घात लगाये हैं हर नज़ारे में
बचा के आँख अगर तुम गुज़र सको तो बोहत

यहाँ ख़ुदा ही नहीं, हर बशर अकेला है
किसी के दिल में जो पल भर उतर सको तो बोहत

ये दौर वो है कि हक़ गोई है बईद-ए-क़यास
सदाक़तों की जो ताईद कर सको तो बोहत

सियाह रात में 'शहज़ाद' चन्द लम्हों को
फ़ज़ा में रौशनी बन कर बिखर सको तो बोहत

तकमील : पूरा करना | ताईद : सहमत होना | सदाक़त : सच्चाई
हक़ गोई : सच कहना | बशर : इंसान | बोहत : हिन्दी का बहुत
बईद-ए-क़यास : अनुमान से आगे | बईद : परे | क़यास : सोच

○

एक बस तू ही नहीं मुझ से ख़फा हो बैठा
मैने जो संग तराशा वो खुदा हो बैठा।

उठ के मंज़िल ही अगर आये तो शायद कुछ हो
शौक़-ए-मंज़िल तो मिरा आबला पा हो बैठा

रौशनी ने वो सितम ढाये कि सब आँखों के
दिल का अरमान अँधेरों की रिदा हो बैठा

मसलिहत छीन गयी क़ुव्वत-ए-गुफ़्तार, मगर
कुछ न कहना ही मिरा, मेरी सदा हो बैठा

मेरी आँखों से मिलीं जब से वो बेकल आँखें
चैन, बेचैन निगाहों को सज़ा हो बैठा।

शुक्रिया ऐ मिरे क़ातिल, ऐ मसीहा मेरे
ज़हर जो तूने दिया था वो दवा हो बैठा।

जान-ए-'शहज़ाद' को मिनजुम्ला-ए-आदा पाकर
हूक वो उट्ठी के जी, तन से जुदा हो बैठा।

आबला पा : पैर का छाला   क़ुव्वत : ताक़त   गुफ़्तार : बोलना
रिदा : चादर   क़ुव्वत-ए-गुफ़्तार : बोलने की ताक़त
आबला पा : पैर का छाला   मिन्जुम्ला-ए-आदा : दुशमनों में से एक

○

नज़र की उनकी नज़र से ये बात ठहरी है
वहाँ मिलेंगे जहाँ कायनात ठहरी है।

धड़कता दिल किसी सीने में जूँ ठहर जाये
कुछ इस तरह मेरी दुनिया में रात ठहरी है।

बहार हो कि ख़िज़ाँ अंजुमन हो या ख़ल्वत
जहाँ रहा हूँ मैं, तनहाई साथ ठहरी है।

धड़कता रह दिल-ए-नादाँ कि ज़िन्दगी है यही
किसी शिकस्त पे कब कायनात ठहरी है।

मिरा तो नाम भी 'शहज़ाद' है, हुसैन नहीं
मिरे लिए ये खुशी क्यों फ़रात ठहरी है।

ख़ल्वत : तन्हाई
फ़क़त : सिर्फ़
फ़रात : दरिया का नाम है
जूँ : हिन्दी का ज्यूँ

○

उजाले इस क़दर बे नूर क्यों हैं
किताबें, ज़िन्दगी से दूर क्यों हैं।

कभी यूँ हो कि पत्थर चोट खाये
ये हर दम आईने ही चूर क्यों हैं।

उदासी के मज़ालिम दिल पे हम को
खुशी से आज कल मंज़ूर क्यों हैं।

फ़क़त इक शक्ल आँखों से छिनी थी
ये सारे ख़्वाब चकना चूर क्यों हैं।

कोई पूछे तो दिल के हुक्मराँ से
मुहब्बत का एवज़ नासूर क्यों हैं?

अभी ज़िन्दा है दश्त-ए-दिल में वहशत
तमन्नाएँ मले काफ़ूर क्यों हैं?

अगर वो हम से, हम उनसे हैं ठहरे
तो फिर 'शहज़ाद' हम से दूर क्यों हैं।

मज़ालिम : हिंसा/ज़ुल्म

काफ़ूर : खुशबूदार सफेद पत्थर जिसे पानी में मिलाकर मुर्दे को नहलाया जाता है

○

लम्हों की जागीर लुटाकर बैठे हैं
हम घर की दहलीज़ पे आकर बैठे हैं।

लिखने को उन्वान कहाँ से लायें अब
काग़ज़ से इक नाम मिटा कर बैठे हैं।

आती जाती सांस, सता मत देख हमें
अभी अभी हम आस गँवा कर बैठे हैं।

दिल से रिस्ते ख़ून की बाबत मत पूछो
काँच की इक दीवार गिरा कर बैठे हैं।

बर्फ़ जमी है शोलों की अब बालों पर
हम जज़्बों की आग बुझा कर बैठे हैं।

सच का पत्थर मार जगाना जब चाहो
शीश महल में ख़्वाब सजा कर बैठे हैं।

उट्ठेंगे जब दिल तेरा भर जायेगा
ख़ुद को तेरा खेल बनाकर बैठे हैं।

ज़ब चाहो, गुल शमा ये कर देना 'शहज़ाद'
हम अन्दर का दीप जला कर बैठे हैं।

उन्वान : शीषर्क

O

होती हुई इक आस जवां देख रहा हूँ
ख़ामोश खड़ा दिल का ज़ियाँ देख रहा हूँ

जो दूर समझता है बोहत आप को मुझ से
मैं उस को करीब अज़ रग-ए-जाँ देख रहा हूँ

दीवानगी कहते हैं इसी हाल को, शायद
मैं कश्मकश-ए-वहम-ओ-गुमां देख रहा हूँ

हर शख़्स है ख़ुद गिरियाकुनां लाश पे अपनी
जो ख़्वाब में सोचा था समां देख रहा हूँ

जो बेच रहा था मुझे कल, आज बिका है
नैरंगि-ए-बाज़ार-ए-जहाँ देख रहा हूँ

मालूम नहीं आग कहाँ जल के बुझी है
उठता हुआ सीने से धुआँ देख रहा हूँ

आईने में 'शहज़ाद' तिरी शक्ल के बदले
गुज़रे हुए मौसम के निशां देख रहा हूँ

ज़ियाँ : ज़ाया होना
करीब अज़-रग-ए-जाँ : शाहरग से ज़्यादा करीब
नैरंगि-ए-बाज़ार-ए-जहाँ : दुनिया के बाज़ार के कई रंग
वहम-ओ-गुमां : सोच ख़्याल से दूर
गिरियाकुना : रोता हुआ

○

सिमट कर इक समन्दर रह गया है
मिरा आँसू बिखर कर रह गया है।

बोहत आगे निकल आया है रस्ता
बोहत पीछे मिरा घर रह गया है।

मिरे इक यार की सौग़ात बन कर
कमर पर ज़ख़्म-ए-ख़ंजर रह गया है।

मिरे हमराह दश्ते-जुस्तुजू में!
फ़क़त इक अज़्म-ए-ख़ुदसर रह गया है।

नज़र उससे न मिलती काश, अब वो
लिए हाथों में पत्थर रह गया है।

मय-ए-उम्मीद मायूसी ने पी ली
मिरा दिल ख़ाली साग़र रह गया है।

शिकस्ता है मेरा आईना या फिर
मेरा चेहरा बिखर कर रह गया है।

मय-ए-उम्मीद : उम्मीद की शराब
शिकस्ता : टूटा हुआ
अज़्म-ए-ख़ुदसर : हौसला
दशत : रेगिस्तान
जुस्तजू : तलाश

नमाज़ी जा चुके अपने घरों को
ख़ुदा मस्जिद में फँस कर रह गया है।

वो क़िस्मत के धनी हैं या मुनाफ़िक़
के जिन शानों पे अब सर रह गया है।

मुहब्बत ले चली सस्सी को 'थल' में
लरज़ता काँपता डर रह गया है।

मैं कब का जल बुझा शहज़ाद लेकिन
धुआँ सा आसमाँ पर रह गया है।

मुनाफ़िक : पाखंडी　　थल : रेगिस्तान का नाम
शाना : कन्धा　　सस्सी : लैला नुमा एक किरदार

○

महफ़िल महफ़िल तनहाई
दिल है जब से हरजाई

सहरा ही वीरान न था
कुछ दिल भी था सौदाई

भूल चुका हूँ मैं तुझ को
आँख तो यूँ ही भर आयी

आँगन में दिल वालों के
ख़ाक उड़ाये पुरवाई

आ, के किसी दिन मिल बैठें
मैं, तू और ये तन्हाई

आगे आगे नाम मिरा
पीछे पीछे रूस्वाई

राह थी वो दुश्वार बोहत
जो 'शहज़ाद' के मन भाई।

○

प्यार करने की ये इस दिल को सज़ा दी जाये
उस की तस्वीर सरे आम लगा दी जाये

ख़त में इस बार उसे भेजिये सूखा पत्ता
और उस पत्ते पे एक आँख बना दी जाये

जिस को उम्मीद कहा करते हैं दुनिया वाले
वो सुलगती हुई चिंगारी बुझा दी जाये।

इतनी पी जाये कि मिट जाये मन-ओ-तू की तमीज़
यानी ये होश की दीवार गिरा दी जाये।

ढूँढ़ना दर बदर उस को वो मिले या न मिले
वो सुने या न सुने उस को सदा दी जाये।

जाने फिर ये भी मयस्सर हमें कल हों कि न हों
शाम टूटे हुए ख़्वाबों से सजा दी जाये।

जब गँवा ही दिया उस को तो यही बेहतर है
उससे मिलने की तमन्ना भी गँवा दी जाये।

आज हर शै का असर लगता है उल्टा यारो
आज 'शहज़ाद' को जीने की दुआ दी जाये।

मन-ओ-तू की तमीज़ : मेरे तेरे बीच का फ़र्क
मयस्सर : हासिल, प्राप्त

○

मन्सूब तेरे दर्द से जो ज़ात हो गयी
वो कायनात के लिए सौग़ात हो गयी

तन्हा खड़े हैं शहर में, मैं और हुसैनियत
ख़लक़त तमाम कूफ़ियों के साथ हो गयी।

कुछ ज़र्द हो चले थे तिरे हिज्र के शजर
फिर शहर-ए-दिल में याद की बरसात हो गयी।

पैदल की ज़द में रख दिया लो हमने बादशाह
तुम खुश रहो लो आज हमें मात हो गयी।

किस को बतायें एक तमन्ना की ज़िद के हाथ
सारी हयात नज़्र-ए-ख़राबात हो गयी।

सूरज शबाब-ओ-आस के 'शहज़ाद' ढल चुके
आओ पलट चलें कि बोहत रात हो गयी।

मन्सूब : ताअल्लुक, सम्बन्ध
हुसैनियत : इमाम हुसैन का फ़लसफ़ा
कूफ़ि : शहर कूफ़ा के रहने वाले
ख़लक़त : मजमा, भीड़
ज़द : निशाना
नज़्र-ए-ख़राबात : उजाड़ जंगल की नज़र हो जाना
शजर : पेड़
ज़र्द : पीला

○

खाकर ज़ख़्म दुआ दी हमने
बस यूँ उम्र बिता दी हमने।

रात कुछ ऐसे दिल दुखता था
जैसे आस बुझा दी हमने।

सन्नाटे के शहर में तुझ को
बे आवाज़ सदा दी हमने।

होश जिसे कहती है दुनिया
वो दीवार गिरा दी हमने।

याद को तेरी टूट के चाहा
दिल को खूब सज़ा दी हमने।

देख के जिस को दिल दुखता था
वो तस्वीर जला दी हमने।

कैसे, कौन, कहाँ बिछड़ा है
अब तफ़सील भुला दी हमने।

आ 'शहज़ाद' तुझे समझायें
क्यों कर उम्र गँवा दी हमने।

तफ़सील : विस्तार (detail)

○

आँखों आँखों एक ही चेहरा, धड़कन धड़कन एक ही नाम
तेरे सिवा अब इस दुनिया में और नहीं कुछ हम को काम।

शाम ढ़ले तो याद का सूरज सर पर आन ठहरता है।
दिन निकले उम्मीद के जंगल में मच जाता है कोहराम।

जंगल जंगल, सहरा सहरा बदनामी के फूल खिले
देख मेरी बेलौस मुहब्बत ने पाया है क्या इनाम।

रिश्ते, नाते, बन्धन सारे मुंह तकते रह जायेंगे
इस पुरशोर सफ़र का आख़िर तन्हाई होगा अन्जाम!

गर ये तेरी मर्ज़ी है तो ख़ैर चलो, ऐसे ही सही
दरयाओं के देस में रह कर भी मैं रहूँगा तिश्नाकाम।

अब 'शहज़ाद' का दुनिया भर में कोई नहीं, कोई भी नहीं
ले दे कर इक तू था, तू भी छोड़ गया चल कर दो गाम।

बेलौस : बगैर किसी लालच के, शुद्ध
तिश्नाकाम : प्यासा

○

लफ़्ज़ जुदा हैं, बात वोही है
दुख और सुख की ज़ात वोही है।

अब जिस को सब दिन कहते हैं
किस को बताऊँ रात वोही है।

पतझड़ हो या रूत फूलों की
ज़ख़्मों की बरसात वोही है।

खोज में जिस की उम्र गवां दी
तन्हा मेरे साथ वोही है।

कल भी प्यार का हासिल दुख था
आज भी दिल के हाथ वोही है।

क्यों 'शहज़ाद' फ़सुर्दा क्यों हो
शक्ल नयी पर मात वोही है।

फ़सुर्दा : उदास
वोही : हिन्दी का वही

○

ख़ुद को इक तीर तो हिम्मत को कमां मानते थे।
हार को रेत पे क़दमों के निशाँ मानते थे।

खुद को बेबस किया महसूस तो ईमां लाए
वरना हम पहले मुक़द्दर को कहाँ मानते थे

अब खुला हम पे के दिल है तिरी धड़कन से बँधा
वरना हम इस को ख़लाओं में धुआँ मानते थे

काँप उट्ठे हैं फ़क़त सोच के तुझ बिन जीना
हम के तन्हाई की बाहों को अमां मानते थे

तोड़ना हमको ज़रूरी न था जान-ए-'शहज़ाद'
हम तो पहले ही तुझे रब्ब-ए-जहाँ मानते थे।

ख़ला : अंतरिक्ष
अमां : शरण
रब्ब-ए-जहाँ : दुनिया का मालिक

O

तल्ख़-ए-शाम-ए-हिज्र-ए-यार से दूर
आ चलें दर्द के ग़ुबार से दूर

जाने जीते हैं लोग कैसे यहाँ
नफरतों से क़रीब, प्यार से दूर

जा सका हूँ, न जा सकूँगा कभी
सुबह-ए-नौ तेरे इन्तज़ार से दूर

वाक़ई था क़रीब अज़-रग-ए-जाँ
जिसको समझा था मैं 'पुकार से दूर'

जागना है अभी मुझे कितना
तल्ख़-ए-मय तिरे ख़ुमार से दूर

ज़िन्दगी है अना की हमराही
मौत 'शहज़ाद' है वक़ार से दूर

तलख : कड़वा
सुबह-ए-नौ : नयी सुबह
वक़ार : इज़्ज़त
अना : अह्म
अज़-रग-ए-जाँ : ज़िन्दगी के लिए सबसे ज़रूरी खून की नली (Jugular Vein)

○

तन्हा तन्हा मत सोचा कर
मर जायेगा, मत सोचा कर

अपना आप गवां कर तूने
पाया है क्या मत सोचा कर

धूप में तन्हा कर जाता है
क्यों ये साया मत सोचा कर

प्यार घड़ी भर का भी बोहत है
झूटा, सच्चा, मत सोचा कर

राह कठिन और धूप कड़ी है
कौन आयेगा, मत सोचा कर

वो भी तुझ से प्यार करे है
फिर दुख होगा, मत सोचा कर

ख़्वाब, हक़ीक़त या अफ़साना
क्या है दुनिया मत सोचा कर

○

जिस की फ़ितरत ही डसना हो
वो तो डसेगा, मत सोचा कर

दुनिया के ग़म साथ हैं तेरे
खुद को तन्हा मत सोचा कर।

जीना दूभर हो जायेगा
जानां इतना मत सोचा कर।

मान मिरे 'शहज़ाद' वगरना
पछताएगा, मत सोचा कर।

○

ख़्वाब का एतबार क्या कीजे
ज़िन्दगी तुझ से प्यार क्या कीजे।

वो मसीहा है, रूठ जायेगा
ज़ख़्म दिल के शुमार क्या कीजे।

पत्तियों में बिखर गयीं कलियाँ
ज़िक्रे फ़स्ल-ए-बहार क्या कीजे।

आज की नज़्र है ये शाम-ओ-सहर
कल, तेरा इन्तज़ार क्या कीजे।

दिल लहू होके बह गया आँखो
अब भला नज़्र-ए-यार क्या कीजे।

ढल चला है खुमार का सूरज
चढ़ रहा है उतार क्या कीजे।

शुमार : गिनना
फ़स्ल-ए-बहार : बहार का मौसम
नज़्र : चढ़ावा
सहर : सुबह

बाँटने वो क़रार निकला है
दामन-ए-तार तार क्या कीजे।

जान-ए-'शहज़ाद' पत्थरों से भला
शिकवा-ए-जब्र-ए-यार क्या कीजे।

शिकवा : शिकायत जब्र : ज़ुल्म

○

आग दहकता तनहा तनहा
तुझ बिन जीवन सहरा सहरा।

हिज्र की लम्बी, काली रातें
लम्हा लम्हा ठहरा ठहरा

ख़्वाब सजा है इक आँखों में
जागा जागा, सोया सोया

उससे मिल कर दिल लगता है
पाया पाया खोया खोया

धड़कन धड़कन ग़ैर हुई है
जब से है वो अपना अपना

रेत पे लिखा नाम हूँ शायद
मिट जाऊँगा रफ़्ता रफ़्ता

अब जीवन 'शहज़ाद' का जानां
गोया सपना, बिखरा बिखरा

रफ़्ता रफ़्ता : धीरे धीरे

○

मेरी नज़र में मिरा एहतराम तुझ से है
हयात नाम है जिस का वो काम तुझ से है।

कली से, फूल से, बाद-ए-सबा से, गुल रूत से
किसी से बात करूँ मैं, कलाम तुझ से है।

मेरी हयात तिरे गिर्द रक़्स करती है
जहान-ए-दिल में बपा जश्न-ए-आम तुझ से है।

मुहासरे में अगरचे लिए हैं जब्र मुझे
सहर की आस का दिल में क़याम तुझ से है।

तू, मेरी हार में मौहूम जीत की सी रमक़
मेरी उम्मीद की उम्र-ए-दवाम तुझ से है।

बाद-ए-सबा : सुबह की ठंडी हवा
क़याम : ठहरना
मुहासरा : घेरना
उम्र-ए-दवाम : अनन्त जीवन
मौहूम : हल्की सी
बपा : होना
जब्र : ज़बरदस्ती
रमक़ : थोड़ी सी झलक

○

हिज्र को मौत तिरे वस्ल को जीना जाना
यानी पत्थर को गुहर, फूल को कांटा जाना।

ख़्वाब देखा तो ख़्याल आया हक़ीक़त है यही
और हक़ीक़त को हक़ीक़त भरा सपना जाना।

सरहदें बाँट गयीं मेरा बदन, ठीक, मगर
मैं ने हर टुकड़ा सदा अपने ही दिल का जाना।

तुझ को देखा तो किसी और को देखा न गया
मैं ने हर चेहरे को फिर तेरा ही चेहरा जाना।

हिज्र ने तेरे, हर इक सांस लुभाये रक्खा
दिल को हर दुख ने, हर इक रंज ने अपना जाना

जिस्म तन्हा थे, हर एक रूह थी प्यासी प्यासी
दश्त निकला वो जिसे दूर से दरिया जाना।

नाम सरमद हो के मन्सूर के फ़रहत 'शहज़ाद'
दार पर चढ़ गया जिस शख़्स ने इतना जाना।

गुहर : मोती
दश्त : रेगिस्तान
*क : यहाँ इसे हिन्दी का 'कि' पढ़ा जायेगा
दार : सूली

○

तंगी-ए-दामन-ए-विजदान से डर जाते हैं
सर झुकाये हुए चुपचाप गुज़र जाते हैं।

तुझ को पाकर भी तुझे पा न सके, वाए नसीब
हम लब-ए-बहर से बिन लब किये तर जाते हैं।

माह-ए-कामिल की जवां शब, मुझे तन्हा पाकर
कितने तारे मिरी आँखों में उतर जाते हैं।

कुछ निराला तो नहीं मेरा गुज़रना जाँ से
शाम ढलती है तो सब लोग ही घर जाते हैं।

तेरी आँखों में नमी देख के जान-ए-'शहज़ाद'
रेज़ा रेज़ा मिरे सब ख़्वाब बिखर जाते हैं।

विजदान : जानने की ताक़त
लब-ए-बहर : समुन्द्र का किनारा
रेज़ा : ज़र्रा
मह-ए-कामिल : पूरा चाँद

O

बस वोही एहतराम तक पोहंचा
दर्द जो मेरे नाम तक पोहंचा।

जब न तरकश में कोई तीर बचा
हाथ उसका सलाम तक पोहंचा।

शहर-ए-अफ़सोस में चिराग़ जले
आख़िरश दिल भी शाम तक पोहंचा।

सर है नोक-ए-सिनां पे महव-ए- सफ़र
देख मैं किस मुक़ाम तक पोहंचा।

वो ताअल्लुक़ कि रूह-ओ-जिस्म का था
बेदिली से कलाम तक पोहंचा।

नश्शा-ए-ग़म में लड़खड़ाये क़दम
मैं सहारे को जाम तक पोहंचा।

नोक-ए-सिना : भाले की नोक, नेज़े की नोक
एहतराम : इज्ज़त

O

गुम सुम शमाऐ बैठे हो, याक़ूत से लब खोलो तो सही।
इक़रार-ए-मुहब्बत मत करना, पर जान-ए-हया बोलो तो सही।

पतझड़ की रूत में रक़्स बपा, कर देंगी बहारें गुलशन में
मग़मूम फिज़ा में अपनी सदा पल भर के लिए घोलो तो सही

इक उम्र पड़ी है क़दमों को लग्ज़िश से बचाये रखने को
पर आज भुला कर आप अपना बाहों में मेरी डोलो तो सही।

जिस गाम पे शाम ढ़लेगी हम उस गाम को मंज़िल कर लेंगे।
बस हिम्मत करके आज ज़रा तुम साथ मेरे हो लो तो सही।

कब ज़ुल्फ़ों के साये तुम को 'शहज़ाद' मियाँ रास आये हैं
इस पल को ग़नीमत गरदानो, कुछ देर इनमें सो लो तो सही।

याक़ूत : लाल जवाहरात
लग्ज़िश : लड़खड़ाना
मग़मूम : उदास
गरदानो : समझो

○

यूँ तो जाते हुए मैं ने उसे रोका भी नहीं
प्यार उससे न रहा हो मुझे, ऐसा भी नहीं।

माँग लेता मैं मुहब्बत भी भिकारी बन कर
दर्द सीने में बोहत था मगर इतना भी नहीं।

जिस की आहट पे निकल पड़ता था कल सीने से
देख कर आज उसे दिल मिरा धड़का भी नहीं।

उस को पाकर भी अगरचे रहा तन्हा मैं, मगर
और कुछ मैंने ख़ुदा से कभी माँगा भी नहीं।

मुझ को मंज़िल की कोई फ़िक्र नहीं है या रब
पर भटकता ही रहूँ जिस पे वो रस्ता भी नहीं।

इतना क़ल्लाश न हो कोई कहीं दुनिया में
आस क्या, दिल मे मेरे कोई तमन्ना भी नहीं।

मुन्तज़िर मै भी किसी शाम नहीं था उस का
और वादे पे कभी शख़्स वो आया भी नहीं।

जाने किस तरह उतर आया मेरी ग़ज़लों में
वो तसव्वुर जिसे मैने कभी सोचा भी नहीं।

और अब उस को भी 'शहज़ाद' शिकायत है यही
इश्क़ तो दूर है, मैं ने उसे चाहा भी नहीं।

क़ल्लाश : कंगाल
मुंतज़िर : इन्तज़ार में होना

○

कभी दिल की ये हालत थी, नहीं थी
हमें ख़ुद से मुहब्बत थी, नहीं थी।

तिरी यारी से पहले, 'हिज्र मौसम'
अलम सहने की आदत थी, नहीं थी।

चमन हैरान है, बरहम है ख़ुद से
नये फूलों में निकहत थी, नहीं थी।

हमें अपनी जवांमरगी पे यारब
कभी तुझ से शिकायत थी, नहीं थी।

गुज़ारी ज़िन्दगी जैसे भी, लेकिन
हमें ख़ुद से नदामत थी, नहीं थी।

तुम्हारे हमसफ़र होने से पहले
सफ़र की हम में हिम्मत थी, नहीं थी।

अलम : दुख
निकहत : खुशबू
मर्ग : मौत
बरहम : नाराज़
जवां मरगी : जवानी की मौत
नदामत : शर्मिन्दगी

○

बोहत बुरा है मगर फिर भी तुमसे अच्छा है
ये दर्द-ए-हिज्र कि पल पल जो साथ रहता है।

जो वक़्त बीत गया वो तो ख़ैर बीत गया
तू अब भी साथ नहीं बस इसी का रोना है।

मेरे लिए तो है आग़ोश माँ की, तनहाई
के शहर भर में यही दर तो मुझ पे खुलता है

चलो इसी को गले से लगा के सो जायें।
कि ज़ख़्म ज़ख़्म सही, दिल तो फिर भी अपना है।

मैं लाख एक शिकस्ता खंडर सही, लेकिन
खुशी तो ये है *के तू भी खंडर में रहता है।

मैं इस में डूब न जाऊँ तो क्या करूँ आख़िर
नशा शराब में तेरे विसाल जैसा है।

ग़मों की सर्द हवा हौसला न हार अभी
ज़रा सा सब्र कि 'शहज़ाद' बुझने वाला है।

सर्द : ठंडा शिकस्ता : टूटा हुआ

*के : के को हिन्दी का 'कि' पढ़िए

○

दुआ-ए-बेअसर कर दे
मुझे अब मुख़्तसर कर दे।

नगर में बेक़रारी के
सफ़र को हमसफ़र कर दे।

मेरे दुख मेरे बच्चे हैं।
मेरा दिल इन का घर कर दे।

मैं ख़ुद को हार आया हूँ
कोई मुझको ख़बर कर दे

रहे वो पुर सुकूँ, यारब
मुहब्बत बे असर कर दे।

मुक़द्दर कर सिनाँ इस का
मेरा सर मोतबर कर दे।

सिनाँ : भाला
पुर सुकूँ : शान्त
मुख़्तसर : सीमित
मोतबर : एतबार के काबिल

○

आज का जिस ने एहतराम किया
कल ने झुक कर उसे सलाम किया।

आँख का हर अज़ाब जानता है
दिल ने कैसे सहर को शाम किया।

ख़्वाब देखे क़लम की आँखों से
और आँखों को लालाफ़ाम किया।

हमने तन्हाइयों की बाहों में
शाम-ए-फुर्क़त को नज़्र-ए-जाम किया।

ख़ुद से भी जो बचा के रक्खा था
हमने वो पल भी तेरे नाम किया।

हार ज़ख़्मों के दिल को पहनाए
वक़्त ने ख़ूब एहतमाम किया।

जान-ए-'शहज़ाद' आप से बढ़ कर
आप का हम ने एहतराम किया।

लालाफ़ाम : सुर्ख़ रंग ओढ़े
अज़ाब : दुख
एहतमाम : ख़ास इन्तज़ाम करना
एहतराम : इज़्ज़त
फुर्क़त : हिज्र, जुदाई

○

अजीब आलम गुज़र रहे हैं
न जी रहे हैं न मर रहे हैं।

मुहब्बतों के, अदावतों के
तमाम दरिया उतर रहे हैं।

शब-ए-अलम तो गुज़ार ली है
पर अब सवेरे से डर रहे हैं।

किसे ख़बर है कि इतना हँस कर
हम अपनी तख़रीब कर रहे हैं।

दिल-ओ-जिगर अपनी वहशतों का
नज़र पे इल्ज़ाम धर रहे हैं।

अजीब 'शहज़ाद' ज़िन्दगी है
कि लम्हा लम्हा गुज़र रहे हैं।

अदावत : दुशमनी
तख़रीब : बरबादी
शब-ए-अलम : दुख की रात
वहशत : दीवानगी

O

क्या ख़बर थी के मैं इस दरजा बदल जाऊँगा
तुझ को खो दूँगा तिरे ग़म से सँभल जाऊँगा।

अजनबी बन के मिलूँगा मैं तुझे महफ़िल में
तूने छेड़ी भी तो मैं बात बदल जाऊँगा।

ढूँढ़ पाये न जहाँ याद भी तेरी मुझ को
ऐसे जंगल में किसी रोज़ निकल जाऊँगा

ज़िद में आये हुए मासूम से बच्चे की तरह
ख़ुद ही कश्ती को डुबोने पे मचल जाऊँगा।

मौत अपने लिए 'शहज़ाद' नई बात नहीं
यानी इक बार मैं फिर ख़ुद से निकल जाऊँगा।

○

मौत इन्सान से कुछ ऐसे सदा खेलती है
जैसे सूखे हुए पत्ते से हवा खेलती है।

दर्द ऐसा है कि सुन पायें तो रो दें पत्थर
मुस्कुराहट है के चेहरे पे सिवा खेलती है।

ज़िन्दगी वक़्त है, खो जाये तो वापस न मिले
और तक़दीर इसे खेल बना खेलती है।

एक जैसे ही मिलें ज़ख़्म तो हंस कर सह लूँ
ज़िन्दगी रोज़ मगर खेल नया खेलती है।

मेरी चाहत, तिरा अख़्लास खिलौने हैं यहाँ
जिन से 'शहज़ाद' मियाँ ख़ल्क़े-ख़ुदा खेलती है।

अख़्लास : खुलूस, सच्चाई
ख़ल्क : बनाये हुए
ख़ल्क़े-खुदा : ईश्वर के बनाये हुए दुनिया के लोग
*के : हिन्दी का कि मान के पढ़िए

○

कोंपलें फिर फूट आयीं शाख़ पर कहना उसे
वो न समझा है, न समझेगा मगर कहना उसे।

वक़्त का तूफान हर इक शै बहा कर ले गया
कितनी तन्हा हो गयी है रह गुज़र, कहना उसे।

सर बुलन्दी की क़सम खाते थे जिस की दो जहाँ
झुक गया है आज वो मग़रूर सर कहना उसे।

राह में तेरी घड़ी भर की रिफ़ाक़त के लिए
जल रहा है धूप में पागल शजर कहना उसे।

रिस रहा हो ख़ून दिल से, लब मगर हँसते रहें
कर गया बर्बाद मुझ को ये हुनर कहना उसे।

हमसफ़र की राह में तन्हा सफ़र करते हुए
आ गया है ख़त्म होने को सफ़र कहना उसे।

रिफ़ाक़त : साथ
शजर : पेड़

O

वो भी दुनिया की तरह सिर्फ़ शनासा ही रहा
मैंने भी कुछ न कहा, दश्त था, प्यासा ही रहा।

उसने फिर आने की हामी न भरी थी, लेकिन
जाने क्यों दिल को मिरे फिर भी दिलासा ही रहा।

सारी दुनिया की मुहब्बत ने किया सजदा मगर
उसको खोकर मिरी दुनिया में ख़ला सा ही रहा।

साथ चलते रहे दरिया के किनारों की तरह
दरमियाँ फ़ासला कहने को ज़रा सा ही रहा।

तिश्नगी जम गयी 'शहज़ाद' के होंठों पे मगर
वो हुसैनी था, लब-ए-बहर भी प्यासा ही रहा।

शनासा : जाना पहचाना
दश्त : रेगिस्तान
ख़ला : रिक्त स्थान
हामी भरना : इक़रार करना
दिलासा : आशवासन
तिश्नगी : प्यास
लब-ए-बहर : समन्दर का किनारा

○

मैं, ख़राबात और तन्हाई
फिर वोही रात और तन्हाई

दो समन्दर हैं कूज़ा-ए-दिल में
आप की ज़ात और तन्हाई

वहशतें फिर हैं बाम पर दिल की
हिज्र, बरसात और तन्हाई

जैसे इक जान और दो क़ालिब
यूँ मिरी ज़ात और तन्हाई

किस को रास आयी है दिल-ए-नादां
वहशत-ए-ज़ात और तन्हाई

जान-ए-'शहज़ाद' हासिल-ए-उल्फ़त
कुछ सवालात और तन्हाई

ख़राबात : वीराना　　कुज़ा-ए-दिल : दिल का प्याला
बाम : ऊँचाई पर　　क़ालिब : जिस्म, बदन
हासिल-ए-उल्फ़त : मोहब्बत का ईनाम (return of love)

○

क्यों हैं हम बेक़रार क्या कहिये
क़िस्सा-ए-इंतशार क्या कहिये।

रतजगे क्यों नसीब हैं दिल का
क्या है सीने पे बार क्या कहिये।

मौत का इशतियाक़ क्या मानी
ज़िन्दगी से फ़रार क्या कहिये।

मौसम-ए-गुल में हम ने अपने लिए
क्यों चुने हैं ये ख़ार क्या कहिये।

क्यों अज़ीयत पसन्द हैं इतने
क्यों है ज़ख़्मों से प्यार, क्या कहिये।

कैसे खोया है आप को हमने
कैसे मानी है हार क्या कहिये।

जान-ए-'शहज़ाद' हाल-ए-दिल अपना
आप से बार बार क्या कहिये।

इन्तशार : बिखराव
अज़ियत पसन्द : तकलीफ़ को पसन्द करना
इश्तियाक़ : चाहत
ख़ार : काँटा

O

भटका भटका फिरता हूँ
गोया सूखा पत्ता हूँ।

साथ ज़माना है लेकिन
तन्हा तन्हा रहता हूँ।

नाम भी जिसका एक नहीं
खोज में उसकी खोया हूँ।

धड़कन धड़कन ज़ख़्मी है
फिर भी हँसता रहता हूँ।

जब से तुमको देखा है
ख़्वाब ही देखा करता हूँ।

जो जो तुमसे कहना था
ख़ुद से कहता रहता हूँ।

तुम पर हर्फ़ न आ जाये
दीवारों से डरता हूँ।

आम सा इक चेहरा खोकर
दरया दरया रोया हूँ।

मुझ पर तो खुलजा 'शहज़ाद'
मैं तो तेरा अपना हूँ।

हर्फ़ आना : आँच आना, इल्ज़ाम आना

○

गोशे गोशे में महक, फूल हैं डाली डाली
दिल की हालत है मगर आज भी बरसों वाली

चोट जिस को भी लगे, दर्द हमें होता है
ये ही फ़ितरत है हमें दार पे लाने वाली।

आबलापाई से घबरा के बिलआख़िर हम ने
एक काँटों से भरी राह-ए-कठिन अपना ली

मुंदमिल वक़्त हर इक ज़ख़्म को कर देता है
भूल जायेगी हमें तू भी ऐ रोने वाली

उस की राहों में नये फूल बिछाने के लिए
रूह भी तुम ने तो 'शहज़ाद' मियाँ ज़ख़्माली।

फितरत : स्वभाव
दार : सूली
आबलापा : पैर में छाले पड़ना
मुन्दमिल : मिटना
बिलआख़िर : अंत, आख़िरकार, Finally
गोशे गोशे : जगह जगह

○

लुत्फ़ जो उस के इन्तज़ार में है
वो कहाँ मौसम-ए-बहार में है।

हुस्न जितना है गाहे गाहे में
कब मुलाक़ात-ए-बार बार में है।

जान-ओ-दिल से मैं हारता ही रहूँ
गर तिरी जीत मेरी हार में है।

ज़िन्दगी भर की चाहतों का सिला
दिल में पैवस्त नोक-ए-ख़ार में है।

क्या हुआ गर ख़ुशी नहीं बस में
मुस्कुराना तो इख़्तियार में है।

सिला : ईनाम
नोक-ए-ख़ार : काँटे की नोक
गाहे गाहे : कभी कभी
पैवस्त : घुसा हुआ
इख़्तियार : बस में होना

○

बे क़रारी की तरह दिल से लगा ले कोई
ख़ुद से रूठा हुआ बैठा हूँ, मना ले कोई।

सुर्ख़रू रात की आँखों में ये दिन हो जाये
सुरमई शाम जो आँखों में सजा ले कोई!

धूल पहने हुए राहों में पड़ा इक पत्थर
मुन्तज़िर है के ख़ुदा उस को बनाले कोई।

फिर मैं देखूँ के हसीं लगता है ये शोर किसे
आबशारों से तेरा नाम चुरा ले कोई।

है कोई ख़िज़्र को दिखलाये जो रस्ता घर का?
राह गुमकरदा मुसाफ़िर की दुआ ले कोई।

टूट जाऊँगा जो ताबीर न मिल पाई मुझे
दिलज़दा ख़्वाब हूँ आँखों में बसा ले कोई।

दश्त-ए-तन्हाई में तन्हा है बोहत तन्हाई
मैं चला, अब इसे 'शहज़ाद' सँभाले कोई।

सुर्ख़रू : कामयाब
ख़िज़्र : रास्ता दिखाने वाला
राह गुमकरदा : भटका हुआ
दिल ज़दा : ज़ख़्मी दिल
ताबीर : ख़्वाब का अन्दाज़ा
दश्त : रेगिस्तान
मुन्तज़िर : इन्तज़ार में

○

जब रुख़सत के लम्हों ने दो सीनों को ज़ख़्माया
वो तो लड़की थी, सो चुप थी, मै भी बोल न पाया।

हंगामों से पुर महफ़िल में, देख के मेरी तनहाई
सन्नाटा खुद उठकर मुझ से बातें करने आया।

लाख उसे समझाया लेकिन दिल ने एक न मानी
बालक हठ में आख़िर उस ने अपना आप गँवाया।

लम्हा भर तो मैं अपनी तन्हाई को भी भूल गया
थपक थपक कर थकन ने जब कल नींद का गीत सुनाया।

उम्र हुई इक खूनी बादल आँख से बरसा करता है
सच पूछो तो वस्ल का इक पल दिल को रास न आया।

एक बगूला 'तन सहरा' में बेकल हो हो उड्डा
याद के रेशम हाथ ने जब 'दिल दरवाज़ा' खटकाया।

मात हुई शहज़ाद को यारो आख़िर आज वो बाज़ी
जिस पर उसने तन मन धन सब कुछ था दाओ लगाया

तन सहरा : बदन का रेगिस्तान — बगूला : whirlwind
बेकल : बेचैन — दाओ : हिन्दी का दाव

○

तुमको अपना कहता है
दिल छोटा सा बच्चा है।

शायद ये ही होना था
शायद यूँ ही अच्छा है।

झूट तुम्हारे होंठों से
कितना सच्चा लगता है।

जिस की आस पे ज़िन्दा था
दिल उसको खो आया है।

कल तक मंज़िल रस्ता थी
और अब रस्ता रस्ता है।

जान गँवा कर भी जाना
ज़ुल्म है हमको जीना है।

○

रात वीरान थी, सहर ख़ामोश
सर झुकाए हैं बाम-ओ-दर ख़ामोश।

कौन, क्या बात और किस से करे
है हर इक हर्फ़-ए-मोतबर, ख़ामोश।

पास मंज़िल के जान लेने लगा
रास्ते भर रहा सफ़र ख़ामोश।

ख़ामशी बैन करके रोई है।
जब रहे सब ही जब्र पर ख़ामोश।

कसमसाया है शाम ढलते ही
दर्द, दिन भर था किस क़दर ख़ामोश।

कौन 'शहज़ाद' कुफ़्र तोड़ेगा
तुम सा पागल रहा अगर ख़ामोश।

बाम-ओ-दर : दरवाज़ा और चौखट हर्फ़-ए-मोतबर : एतबार वाला लफ़्ज़
बैन : ऊँची आवाज़ में रोना जब्र : जुल्म ख़ामशी : खामोशी
कसमसाया : हिलना जुलना कुफ़्र तोड़ेगा : खामोशी तोड़ेगा

○

एक तो चेहरा ऐसा हो
मेरे लिए जो सजता हो।

शाम ढ़ले एक दरवाज़ा
राह मिरी भी तकता हो।

मेरा दुख वो समझेगा
मेरी तरह जो तन्हा हो।

एक सुहाना मुस्तक़बिल
ख़्वाब सा जैसे देखा हो।

अब 'शहज़ाद' वो दीपक है
जो तूफ़ान में जलता हो।

○

हौसलों की ये सहर, शाम न होने देंगे
ज़िन्दगी, हम तुझे दुशनाम न होने देंगे।

कामयाबी के उजालों को अगर खो भी दिया
यास की तीरगी अन्जाम न होने देंगे।

तिश्ना लब, सोख़्ता जाँ, आबला पा होकर भी
दश्त-ए-तन्हाई को बदनाम न होने देंगे।

आज़मा तीर-ए-सितम, मूँन्द के आँखें, गुलरूत
हम निशाना तेरा नाकाम न होने देंगे।

फ़ैसला है कि किसी दुख की हवा के हाथों
आस का दीप सियाहफ़ाम न होने देंगे।

शहर दिल का, तिरी मीरास नहीं, मायूसी
हम तिरे जब्र यहाँ आम न होने देंगे।

यास की तीरगी : मायूसी का अँधेरा
सोखता जाँ : जली हुई जान
सियाहफ़ाम : काला रंग पहने हुए
आबला : छाले
दश्त : रेगिस्तान
तन्हाई : अकेलापन
मीरास : पैतृक

इनसे रौशन हैं दर-ओ-बाम हमारे दिल के
तेरी यादों को तह-ए-जाम न होने देंगे।

जान-ए-'शहज़ाद' तिरे साथ हैं हम ता बा अबद
तल्ख़-ए-हिज्र तिरे नाम न होने देंगे।

तह-ए-जाम : जाम की आखरी घूँट तक   तल्ख़-ए-हिज्र : जुदाई की कड़वाहट
ता बा अबद : अन्त तक

○

क्या टूटा है अन्दर अन्दर क्यों चेहरा कुम्हलाया है
तन्हा तन्हा रोने वालो, कौन तुम्हें याद आया है।

चुपके चुपके सुलग रहे थे याद में उन की दीवाने
इक तारे ने टूट के यारो क्या उनको समझाया है।

रंग बिरंगी इस महफ़िल में तुम क्यों इतने चुप चुप हो
भूल भी जाओ पागल लोगो, क्या खोया क्या पाया है।

शेर कहाँ हैं, खून है दिल का जो लफ़्ज़ों में बिखरा है
दिल के ज़ख़्म जला कर हमने महफ़िल को गर्माया है।

अब 'शहज़ाद' ये झूट न बोलो, वो इतना बेदर्द नहीं
अपनी चाहत को भी परखो, गर इल्ज़ाम लगाया है।

○

जो गुज़र जाये, है वोही प्यारा
वक़्त ने कैसा रूप है धारा।

दिल का आलम न जाने क्या होगा
लफ़्ज़ निकले है मुँह से 'अंगारा'

मौत कब मार पाई है उन को
जुस्तजू ने तेरी जिन्हें मारा।

किरचियाँ है जो आज आँखों में
इक हसीं ख़्वाब था वो बेचारा।

मैं था, आवारगी थी, सहरा था
दूसरी सिम्त था जहां, सारा।

जिस में तासीर हो शराबों की
कौन उस ग़म से पाये छुटकारा।

आलम : दुनिया
तासीर : असर
जुस्तजू : ढूँढ़ना, कोशिश, तलाश

○

है जुर्म ज़िन्दगी, 'प' सज़ा कौन दे मुझे
मर जाऊँ मैं अभी, ये दुआ कौन दे मुझे।

फ़ेहरिस्त-ए-दोस्ताँ में लिखे कौन मेरा नाम
गुज़रा हुआ समय हूँ, सदा कौन दे मुझे।

जब जागते में सारा जहाँ महव-ए-ख़्वाब हो
ख़्वाबों में जागने का सिला कौन दे मुझे।

ज़र्रा हूँ और ख़ुद को समझता हूँ आफ़ताब
इस जुर्म-ए-आगही की सज़ा कौन दे मुझे।

मैं जिन में मैं रहूँ न जहाँ तू ही तू रहे
कुछ ऐसी साअतों का पता कौन दे मुझे।

लिखा है जो हवाओं ने लहरों से रेत पर
वो हर्फ़-ए-मोतबर हूँ मिटा कौन दे मुझे।

प : पर
फ़ेहरिस्त-ए-दोस्ताँ : मित्रों की सूची
आफ़ताब : सूरज
महवे : (to be indulged)
महव-ए-ख़्वाब : ख़्वाब में रहना, सोचा हुआ होना

जब मतलबी घुटन में घिरा हो तमाम शहर
बेलौस चाहतों की हवा कौन दे मुझे।

'शहज़ाद' जब तुझे ही नहीं फ़िक्र-ऐ-मसलेहत
रंगीं मुनाफ़िक़त की क़बा कौन दे मुझे।

बेलौस : बेदाग़/ख़ालिस
मुनाफ़िक़त क़बा : बहरूपी लिबास
मुनाफिक़त की क़बा : पाखंड का लिबास

○

तुम्हारे साथ भी तन्हा हूँ, तुम न समझोगे
मैं अपने ख़्वाब का साया हूँ, तुम न समझोगे।

तुम्हें गँवा के, भुलाने की जंग के हाथों
मैं किस अज़ाब से गुज़रा हूँ, तुम न समझोगे।

तुम्हारे प्यार में जो मुझ से अजनबी ठहरी
मैं वो ख़ुशी की तमन्ना हूँ , तुम न समझोगे।

मुझे गुज़ारती रहती है ज़िन्दगी पल पल!
झुकाये सर मैं गुज़रता हूँ, तुम न समझोगे।

सहर उम्मीद की लगता हूँ, पर यक़ीं जानो
अज़ाब-ए-शाम-ए-तमन्ना हूँ, तुम न समझोगे।

जो जीत कर भी अँधेरों से जान हार गया
वो कम नसीब उजाला हूँ, तुम न समझोगे।

लबों पे दश्त, समन्दर है मेरे पैरों में
मैं फिर भी सोच में डूबा हूँ, तुम न समझोगे।

चुरा के आँख मिलाते हो तुम नज़र जिस से
मैं आईने का वो चेहरा हूँ, तुम न समझोगे।

किधर चला हूँ, नहीं इल्म, फिर भी चलता हूँ
ये किस मुक़ाम पे पहुँचा हूँ, तुम न समझोगे।

तुम्हें क़रार है 'शहज़ाद' से, मुझे तुम से
रक़ीब आप मैं अपना हूँ, तुम न समझोगे।

रक़ीब : (rival in love)

○

अजीब ख़्वाब दिखाए है ख़ैर-ओ-शर का सराब
कभी ख़याल मुअत्तर, कभी हयात अज़ाब।

नज़र नज़र मैं नज़ारों के ज़ख़्म चुनता रहा
यूँ देखने को नज़ारे थे सब गुलाब गुलाब।

ये मेरे दौर का सच है के जिस की पेशानी
अरक़ अरक़ है नदामत से और गला बे-आब

अब ऐसे दौर में कोई जिये तो कैसे जिये
*के जब हो जुर्म ख़मोशी तो बोलना हो अज़ाब

मिरे चमन की ये कलियाँ हैं जिन का मुस्तक़बिल
ख़ुद अपनी बाड़ के हाथों हुआ डरावना ख़्वाब

ख़ैर-ओ-शर : भलाई-बुराई
मुअत्तर : इत्तर में भीगा हुआ
बे-आब : बिना पानी

सराब : धोखा ही धोखा (Mirage)
अरक़ अरक़ है नदामत से : शर्मिन्दगी से पानी पानी होना
*के : हिन्दी का कि मान के पढ़िए

अजीब हब्स ने घेरा हुआ है शहर मेरा।
घुटन भरी है हवाओं में और फ़ज़ा बर्फ़ाब

ख़ुदा करे कोई 'शहज़ाद' को ये समझा दे
के अपने देस में रहने के अब न देखे ख़्वाब।

हब्स : उमस भरे

फ़ज़ा : माहौल

○

है शब *के साथ ग़म-ए-हिज्र, मैं अकेला हूँ
ख़ुदा नहीं हूँ 'प' इम्शब ख़ुदा सा लगता हूँ।

सफ़र अजीब है दरपेश इन दिनों मुझ को
मैं अपने आप में बे सिम्त चलता रहता हूँ।

न जाने क्या मैं ख़लाओं में खोके आया था
के जब भी वक़्त मिले है मैं उस को ढूँढ़ता हूँ।

ख़ुदा का कुर्ब मसाजिद में ढूँढ़ने वालो
ख़ुदा कहे है 'मैं टूटे दिलों में रहता हूँ'।

मैं मसलेहत के तक़ाज़ों से आशना हूँ मगर
हुसैनियत भी दिल-ए-जाविदां में रखता हूँ।

इमशब : आज की रात
दिल-ए-जाविदां : हमेशा ज़िन्दा रहने वाला दिल
दरपेश : required
क़ुर्ब : पास, नज़दीक
मसलेहत : समय के अनुसार
*के : के हिन्दी का 'कि' मानकर पढ़ेंगे

○

हो जुनूँ जिन को ख़ुदनुमाई का
शौक़ रखते हैं वो ख़ुदाई का।

अजनबी हो जो अपनी ज़ात से ख़ुद
क्या गिला उससे नारसाई का।

जिस के पैरों में बादशाहत है
मोतक़द हूँ मैं उस गदाई का।

वुस्सअत-ए-ज़िन्दगी सिमट सी गयी
अज़्म वो था शिकस्ता-पाई का।

वक़्त क्या, मौत भी न भर पाई
ज़ख़्म इक शख़्स की जुदाई का।

ख़ुदनुमाई : अपने आपको उभारना
नारसाई : ना सुनने का
मोतक़द : भरोसा रखने वाला
गदाई : फ़क़ीरी
शिकस्ता पाई : थके हुए पाँव
वुस्सअत : खुलापन
अज़्म : हौसला

○

जाम के नाम ज़िन्दगी कर ली
हम ने ज़ख़्मों से दोस्ती कर ली।

याद में तेरी आँख से गिर कर
रात अश्कों ने ख़ुदकुशी कर ली।

हार से हार मान ली दिल ने
जीत ख़्वाब-ओ-ख़याल सी कर ली।

ख़ुद को बहला लिया ग़ज़ल कह कर
और इक शाम सुरमई कर ली।

दर्द दिल से लगा लिया दिल ने
और ख़ुशियों से दुश्मनी कर ली।

O

बक़ा-ए-दिल *के लिए जूँ लहू ज़रूरी है
इसी तरह मेरे जीवन में तू ज़रूरी है।

ये, अक़्ल वाले नहीं, अहले दिल समझते हैं
के क्यों शराब से पहले वुज़ू ज़रूरी है।

ख़ुदा को मुँह भी दिखाना है एक दिन यारो
वफ़ा मिले न मिले जुस्तजू ज़रूरी है।

है एहतराम भी लाज़िम के ज़िक्र है उस का
जिगर का चाक भी होना रफ़ू ज़रूरी है।

कली उम्मीद की खिलती नहीं हर इक दिल में
हर एक दिल में मगर आरज़ू ज़रूरी है।

हज़ार इनके एवज़ नफरतें मिलें 'शहज़ाद'
मुहब्बतों की मगर आबरू ज़रूरी है।

बक़ा-ए-दिल : दिल की ज़िन्दगी के लिए — बक़ा : ज़िन्दगी
रफ़ू : फटे हुए वस्त्र में धागे से सिलकर भरना — *के : के हिन्दी का 'कि' मानकर पढ़ेंगे

O

कलियों को कुम्हलाए कौन
बात ख़िज़ां की लाये कौन।

नगर नगर है वीरानी
सहरा में अब जाये कौन।

मैं तुझ से हूँ तू मुझसे
तुझको ये समझाए कौन।

जीवन उलझन है लेकिन
ये उलझन सुलझाये कौन।

"मेरा है तू बस मेरा"
ख़्वाबों पर इतराये कौन।

सुन कर मेरी ग़ज़लों को
जुज़ तेरे शर्माये कौन।

सहरा में तन्हाई को
तन्हा छोड़ के जाये कौन।

तूने जो 'शहज़ाद' चुना
वो रस्ता अपनाये कौन।

जुज़ तेरे : तेरे सिवा

O

अज़ाब-ए-हिज्र ग़लत, फ़िक्र-ए-दाग़दार ग़लत
ज़ुदा है मुझ से मेरा यार, जान-ए-यार ग़लत।

मैं तेरी शक्ल में अपना हूँ चाहने वाला
वगरना मैं, तेरी फ़ुर्क़त में बेक़रार, ग़लत।

मुझे जुनून के "मनवाऊँ दहर से ख़ुद को"
मैं नाम-ए-हक़ पे हुआ हँस के नज़्र-ए-दार, ग़लत।

अजीब धुन थी के तुझ तक समेट लाई मुझे
मुझे डरा ना सकी राह-ए-ख़ार ख़ार, ग़लत।

है तुझ में, मुझ में, अयाँ है वो हर नज़ारे में
ख़ुदा छुपा है उधर आस्माँ के पार, ग़लत।

न जाने कौन, कहाँ तक रहेगा महव-ए-सफ़र
नफ़स का तार ही है ज़िन्दगी का तार, ग़लत

बजा है आप का 'शहज़ाद' ख़ुद पे जाँ देना
जहाँ का दूसरा करना 'उसे' शुमार ग़लत।

दहर : दुनिया, जहाँ — नज़्र-ए-दार : सूली पर चढ़ा देना — अयाँ : खुला हुआ, ज़ाहिर
बजा : सही — नफ़स का तार : साँस की डोरी — नफ़स : साँस
महव : तल्लीन — महव-ए-सफर : सफर में मसरुफ़ रहना

○

मान जा, अब भी दिल में आन उतर
आसमानों से मेरी जान, उतर।

मेरी पलकें हैं मुन्तज़िर कब से
तू कभी ज़ेर-ए-साइबान उतर।

मैं ज़मीं हूँ तो एक दिन तू ही
मेहरबां होके आसमान, उतर।

जूँ समन्दर पे शाम झुकती है
यूँ कभी दिल पे मेहरबान उतर।

ज़ात, गहराई है सराबों की
जान-ए-शहज़ाद, बेतकान उतर।

साईबान : धूप से बचने का छप्पर ज़ेर : नीचे
बेतकान : अनथक

○

कोई मंज़िल, न कोई राहगुज़र
जाने किस आस पर हूँ महवे सफ़र।

अजनबी अजनबी हर इक चेहरा
आशना आशना से हैं पत्थर।

बेड़ियाँ मसलिहत की पैरों में
और सहरा-ए-ज़िन्दगी का सफ़र

कितने वीरान हैं गली कूचे
कैसा उजड़ा हुआ है दिल का नगर।

ज़िन्दगी की उदास राहों में
लज़्ज़त-ए-कर्ब है शरीक़-ए-सफ़र।

पैर, 'शहज़ाद' देख कर रखना
ख़्वाब बिखरे हैं, किरचियाँ बनकर।

महव-ए-सफ़र : सफ़र में मसरूफ़
लज़्ज़त-ए-कर्ब : दुख का मज़ा

O

लज़्ज़त-ए-कर्ब-ओ-अलम से जो बिखर जाता है
शख़्स वो, इश्क़ की नज़रों से उतर जाता है।

मुंदमिल ज़ख़्म नहीं बात के होने पाते
वक़्त तो ख़ैर, किसी तौर गुज़र जाता है।

ज़िन्दगी कब है, ये शतरंज की बाज़ी है जमी
रूख़ बचालूँ तो मेरे शाह का सर जाता है।

शाम ढ़लती है तो सूरज की तरह दिल, पागल
डूब कर खून के दरियाओं में मर जाता है।

जब बरसता है तेरे हिज्र का वहशी बादल
याद के ज़ख़्म मेरे शहर में भर जाता है।

आस का ताज महल, दिल के निहाँ ख़ानों में
शाम बनता है, हर इक सुब्ह बिखर जाता है।

लज़्ज़त-ए-कर्ब-ओ-अलम : दुख और दर्द का मज़ा
कर्ब-ओ-अलमः दुख, तकलीफ
रुख़ : चेहरा, शतरंज का एक मोहरा
मुंदमिल : मिट जाना
निहाँ : छुपा हुआ
निहाँ खाना : छिपा हुआ घर, हिस्सा

‘दर्द सूरज’ के है हर आन सवा नेज़े पर
धूप इतनी हो तो हर चेहरा उतर जाता है।

दो ही मस्कन हैं तेरे दर्द के जान-ए-‘शहज़ाद’
दिल में रहता है कि ग़ज़लों में बिखर जाता है।

मस्कन : रहने की जगह

○

इक इन्तहा बसूरत-ए-आग़ाज़ दी मुझे
सूरज ने सर उठा के फिर आवाज़ दी मुझे।

महदूद रखना था जो मुझे आसमान तक
फिर क्यों भला ये क़ुव्वते परवाज़ दी मुझे।

भर ही चला था हौसला मायूसियों की गोद
इक जाँ बलब सी आस ने आवाज़ दी मुझे।

सारे जहाँ ने जान लिया दिल का माजरा
किसने न जाने ख़्वाहिश-ए-हमराज़ दी मुझे।

तोहफ़ा लिए मैं हाल का पोहंचा हर एक बार
माज़ी ने जब भी दावत-ए-शीराज़ दी मुझे।

'शहज़ाद' क्या बुझा के क़यामत ही आ गयी
खुद आँधियों ने ठैर के आवाज़ दी मुझे।

बसूरत : शक्ल में
जाँ बलब : मौत के क़रीब
ठैर : ठहर (Poetic Licence)
महदूद : सीमित
कुव्वते परवाज़ : उड़नें की ताक़त

O

उदास दिल को, नज़र सोगवार मत करना
हूँ बर्ग-ए-ख़ुश्क मेरा इन्तज़ार मत करना।

यहाँ से कुफ़्र के फ़तवों की बात चलती है
यहाँ से आगे सफ़र इख़्तयार मत करना।

ख़ुदा ख़ुदा है वो भूका नहीं इबादत का
ख़तीब कुछ भी कहें ऐतबार मत करना।

ख़्याल-ए-ख़ातिर-ए-याराँ रहे मगर यारो
किसी का दामन-ए-दिल तार तार मत करना।

वफ़ा के फूल ज़माने की नज़्र करते हुए
जो ज़ख़्म दिल पे लगे हैं शुमार मत करना।

बर्ग : पत्ता
कुफ़्र : नास्तिक, इन्कार करना
खातिर-ए-याराँ : दोस्तों की मर्ज़ी
बर्ग-ए-खुश्क : सूखा हुआ पत्ता
ख़तीब : भाषण करने वाला
शुमार : गिनना

○

जो हुआ उस रोज़, इक दिन वो सितम होना ही था।
उसने सच बोला था, उस का सर क़लम होना ही था।

बाँटता फिरता था खुशियाँ वो, दिलों के शहर में
उस के दिल को आख़िरश नज़्र-ए-अलम होना ही था।

रात के हर पल को उस ने रौशनी पहनाई थी
ख़ाक शम-ए-जाँ को, जानां, सुब्हदम होना ही था।

बेच दी जब मसलिहत को रौशनी हर आँख ने
फिर उजालों पर अँधेरों का करम होना ही था।

दिल मुसाफ़िर था कठिन रस्तों का, तप्ती धूप में
उसको तन्हाई की नज़रों में 'सनम' होना ही था।

जो दिवाने दिल में रखते थे रिवायात-ए-हुसैन
उनकी माओं के दिलों को वक़्फ़-ए-ग़म होना ही था।

काट कर पर कर दिया आज़ाद जब उसने मुझे
देख सकती थीं जो आँखें, उन को नम होना ही था।

सर क़लम होना : बदन से सर का अलग होना
सुब्हदम : सुब्ह का वक़्त
वक़्फ़-ए-ग़म : ग़म के नाम

ज़िन्दगी भर हम जिसे मसलूब ही करते रहे
मर गया तो नाम उस का मोहतरम होना ही था।

ख़ारज़ारों में लहू के आबले थे हम क़दम
बांकपन को हिस्सा-ए-नक़्श-ए-क़दम होना ही था।

मैं मुनाफिक़ था, न मुझ से जीत पाई मसलिहत
गिर्द मेरे मजमा-ए-याराँ को कम होना ही था।

प्यार का सीसा भरा था सीना-ए-'शहज़ाद' में
नफरतों के नेज़ा-ए-खूनी को ख़म होना ही था।

मसलूब : सूली पर चढ़ाना　मसलिहत : समय के अनुसार　मोहतरम : इज़्ज़त के काबिल
ख़ारज़ार : काँटों भरा जंगल　मुनाफ़िक : पाखंडी　नेज़ा-ए-खूनी : ज़ालिम भाला
आबले : छाले　ख़ार : काँटा　ज़ार : जंगल　ख़म : मुड़ना, बल

○

सहर का जान, हमें इन्तज़ार ही कब है
शब-ए-सियाह का पर ऐतबार ही कब है।

अज़ाब-ए-हिज्र अता करके वस्ल का गुलशन
तेरी अता पे हमें इख़्तयार ही कब है।

मेरी हयात की तकमील तुझसे है वरना
क़रार-ए-रूह, मुझे तुझ से प्यार ही कब है।

तू कुल है, सारा जहाँ गीत गा रहा है तेरे
मैं तेरा जुज़ हूँ, 'प' मेरा शुमार ही कब है।

बरस रहा है समन्दर पे अब्र रहमत का
सितम ज़दों को मगर इख़्तयार ही कब है।

मैं तोड़ डालूँ ये ज़िन्दां अज़ाब का लेकिन
दुखों की क़ैद से अंब दिल को आर ही कब है।

जहाँ में यूँ तो हैं 'शहज़ाद' दिल के मारे बोहत
किसी का तेरी तरह दिल फ़िगार ही कब है।

ज़िन्दां : कारागार, कैदखाना
इख़्तयार : To have the right to act
फ़िगार : जला हुआ
जुज़ : हिस्सा
आर : एतराज़
अज़ाब : दुख तकलीफ

O

ये मोजज़ा था या मेरे ग़म का कमाल था
तन्हाईयों का मेरी उसे भी मलाल था।

दिल क्या लुटा के हिस्स-ए-लताफ़त ही मर गयी
इक फूल टूटने से चमन पा-ए-माल था।

उस बिन न पूछिये के गुज़ारी है किस तरह
जिस के बग़ैर सांस भी लेना मुहाल था।

सारे जहाँ में एक भी सानी न मिल सका
वो शख़्स भी ख़ुदा की तरह बेमिसाल था।

सीने से ख़ार-ए-सांस जो निकला तो ये खुला
'शहज़ाद' ज़िन्दगी न थी काँटों का जाल था।

मोजज़ा : चमत्कार
पा-ए-माल : बरबाद
मुहाल : मुश्किल
हिस्स-ए-लताफ़त : नरमी को महसूस करने की ताक़त
सानी : दूसरा, एकसमान
लताफ़त : नरमी

○

अपनी आँखों में अगर तूने उतारा होता
पार लगने से हमें डूबना प्यारा होता।

गर तेरी दीद की उम्मीद न होती दिल को
सांस लेना भला किस तरह गवारा होता।

तूने तन्हा कभी होने न दिया तन्हाई
तू न होती तो भला कौन हमारा होता।

जब तू शहरग से क़रीं है तो भला क्यों यारब
ये शिकायत है तुझे हमने पुकारा होता।

दिल न तोड़ा गया तूफ़ान का हम से वरना
सब भँवर कहते हैं जिस को वो किनारा होता।

शहरग : ज़िन्दगी की रग
क़रीं : क़रीब

○

कर्ब का लश्कर मुक़ाबिल और तन्हा एक मैं
सैंकड़ों लाखों मसाइल और तन्हा एक मैं।

आँधियों, गिरदाब, मौजों और तूफ़ानों के साथ
दरपये आज़ार साहिल और तन्हा एक मैं।

ऐसे आलम में कहाँ जाऊँ किसे आवाज़ दूँ
आग सहरा, दूर मंज़िल और तन्हा एक मैं।

दर्द, आँसू, बेक़रारी, यास और दीवानगी
काविश-ए-पैहम का हासिल और तन्हा एक मैं।

एक तुम के, ज़िन्दगी दरअस्ल तुम पर ख़त्म है
आबला पा, रूह घायल और तन्हा एक मैं।

गिरदाब : पानी का चक्कर, भँवर
दरपये आज़ार : तकलीफ़ देने को तैयार
पैहम : मुसलसल, लगातार (continuous)
कर्ब : तकलीफ़
काविश : कोशिश
यास : उदासी

○

फिर यूँ हुआ के हम को मोहब्बत नहीं रही।
पहलू में दिल है दिल में वो हरकत नहीं रही।

जलता है अब भी गर्मी-ए-अनफ़ास से बदन
इस आग में वो पहली सी हिद्दत नहीं रही।

अब भी तेरे लबों पे महकते तो हैं गुलाब
लेकिन ख़ता मुआफ़, वो निकहत नहीं रही।

बहता हुआ फ़रात तो है सामने मगर
होंठों ही में वो प्यास की शिद्दत नहीं रही।

अब मुस्कुराती आँख से मत देख तू हमें
ये तीर दिल पे सहने की आदत नहीं रही।

तुझ को गवां के जी तो लें ऐ जाने-शायरी
पर दिल में अब हमारे वो हिम्मत नहीं रही।

'शहज़ाद' यूँ तो सोता नहीं अब भी रात भर
हाँ, उस को अब किसी से शिकायत नहीं रही।

गर्मी-ए-अनफ़ास : सांस की तपिश
हिद्दत : गर्मी
शिद्दत : तीव्रता (Intensity)
फ़रात : दरिया का नाम
निकहत : महक, खुशबू

○

ज़िन्दगी को उदास कर भी गया
वो के मौसम था इक गुज़र भी गया।

सारे हमदर्द बिछड़ जाते हैं
दिल तो रोते ही थे जिगर भी गया।

शिद्दत-ए-जोश-ए-सजदा में जाना
नक़्श-ए-पा तो मिटा था सर भी गया।

ग़म की तुग़यानियों में अबके बरस
एक टूटा हुआ सा घर भी गया!

ख़ैर-मंज़िल तो हम को क्या मिलती
शौक़े मंज़िल में हम सफ़र भी गया।

मौत से हार मान ली आख़िर
चेहरा-ए-ज़िन्दगी उतर भी गया।

तुग़यानि : तूफ़ान
नक़्श-ए-पा : पैर का निशान

○

अज़ाब-ए-पास-ए-वफ़ा चूंके सर में रहता था
इसी लिए मैं हमेशा भँवर में रहता था।

अजब तरह का अँधेरा अजब सा ख़ाली पन
गँवा के तुझ को बदन के नगर में रहता था।

धनक मिज़ाज तबीयत अजीब थी उस की
वो मुझ को लूट के मेरे असर में रहता था।

तमाम उम्र मुझे संगसार करता रहा
वो मेरा यार जो शीशे के घर में रहता था।

अँधेर कर गया 'शहज़ाद' वो मेरी दुनिया
जो बन के रौशनी मेरी नज़र में रहता था।

संगसार : पत्थरों से मारना
भँवर : पानी का चक्कर
अज़ाब : दुख
धनक : सतरंगी, इन्द्रधनुष
असर : मर्ज़ी के मुताबिक
पास : लिहाज़

○

इक नशा था, उतर गया आख़िर
ख़्वाब-ए-हस्ती बिखर गया आख़िर

लोग जिस को हयात कहते हैं
एक पल था, गुज़र गया आख़िर।

नाज़ था तुझ पे किस क़दर हम को
तू भी दुनिया से डर गया आख़िर।

आख़िरी फ़तह रात ही की हुई
दिन का चेहरा उतर गया आख़िर।

एक इल्ज़ाम तुझ पे आना था
वो भी मेरे ही सर गया आख़िर।

ख़्वाबे हस्ती : ज़िन्दगी का ख़्वाब

○

रात यख़बस्ता है, 'शहज़ाद', किधर जायेगा
नश्शा-ए-मय तो घड़ी भर में उतर जायेगा।

बू-ए-गुल फूल की मोहताज नहीं है, लेकिन
फूल ख़ुशबू से जुदा होगा तो मर जायेगा।

किस को मालूम था जानां के तेरे जाते ही
दर्द ख़ंजर की तरह दिल में उतर जायेगा।

खिल उठा देख के ढ़लता हुआ सूरज मुझ को
अब वो तन्हा ही नहीं रात के घर जायेगा।

जुज़ मेरे दिल में सुलगते हुए वीराने के
दुख तेरी याद का अब और किधर जायेगा।

शेर कहते रहो शायद के क़रार आ जाये
ज़ख़्म-ए-दिल ज़ख़्म-ए-बदन कब है के भर जायेगा।

यख़बस्ता : बर्फ की तरह ठंडी

*के : के हिन्दी का 'कि' मानकर पढ़ेंगे

○

क़तरा हूँ अगर मैं तो समन्दर है मेरा दुख
रहता है मगर मुझ में ही ये मुझ से बड़ा दुख।

हर शख़्स था खोया हुआ खुद अपनी खुशी में
मुश्किल से तेरे शहर में एक यार मिला दुख।

ख़ामोश, झुकाए हुए सर, तन्हा खड़ा था
सीने से मुझे बढ़ के लागाना ही पड़ा दुख।

लगता है बड़ा क़ीमती हर पल शबे ग़म का
जब से मेरे ख़्वाबों का ख़रीदार हुआ दुख।

हिम्मत ने सुपर डाली न दिल ने दी दुहाई
हर चन्द मुक़ाबिल था क़यामत से सिवा दुख।

मर जाये जो पल भर भी उसे छोड़ के जाऊँ
मानूस है इतना मेरी दुनिया से तेरा दुख।

'शहज़ाद' अमारत से तेरी जल गया सीना
ख़िदमत में है हाज़िर तेरी हर आन नया दुख।

सुपर : तलवार
सुपर डालना : हथियार डाल देना, हार मान लेना
मानूस : वाकिफ़ हो जाना
आन : पल
अमारत : अमीरी, दौलतमन्द
ख़िदमत : सेवा

○

बहार पूछने आयी जो हाल कलियों का
तड़प के खोल दिया बन्द सब ने सीनों का।

तुम्हारे हिज्र के पहलू में जो गुज़रते हैं
हयात नाम है उन बेक़रार लम्हों का।

जिन्हें किसी ने, किसी से, कभी नहीं पूछा
जवाब खोजता फिरता हूँ उन सवालों का।

हर एक दौर में पूजा है हर बशर ने जिन्हें
मैं मोतक़िद हूँ मुहब्बत के उन अक़ीदों का।

अज़ीज़ है मुझे 'शहज़ाद' नाम ख़ुद से सिवा
के लम्स इस में घुला है तुम्हारे होंठों का।

मोतक़िद : भरोसेमन्द
अक़ीदा : यक़ीन
लम्स : स्पर्श
बशर : इंसान
*के : के हिन्दी का 'कि' मानकर पढ़ेंगे

O

तन्हाई का एहसास भी डसता नहीं अब तो
आँखों में कोई ख़्वाब ही बसता नहीं अब तो।

जां देनी पड़ी एक किरन धूप के बदले
सूरज भी तेरे शहर में सस्ता नहीं अब तो।

तारीक ख़लाओं में हैं लिपटे मेरे दिन रात
दुश्वार के आसाँ, कोई रस्ता नहीं अब तो।

तन्हाई न महफ़िल न बयाबां न कोई शहर
पर दिल भी किसी शै को तरसता नहीं अब तो

'शहज़ाद' भला कैसे खुले अब्र ग़मों का
दिल टूट के आँखों से बरसता नहीं अब तो।

तारीक : अँधेरा
खला : शून्य (void)
बयाबां : वीराना
अब्र : बादल, घटा

○

सहरा से मुहब्बत क्यों आख़िर
घर बार से वहशत क्यों आख़िर।

इक मौसम था जो बीत गया
ये दर्द में शिददृत क्यों आख़िर।

जो चाहा हासिल है तो फिर
बेनाम सी हसरत क्यों आख़िर।

क्यों आख़िर गुम सुम रहते हो
ख़ुशियों से अदावत क्यों आख़िर।

गर उसके बिना जीना भी नहीं
फिर तर्क-ए-मुहब्बत क्यों आख़िर।

वो ग़ैर था, ग़ैर रहा तो फिर
'शहज़ाद' शिकायत क्यों आख़िर।

अदावत : दुश्मनी

○

आगही के अज़ाब की तल्ख़ी
याद-ए-माज़ी, शराब की तल्ख़ी।

मेरी नस नस में बस गयी गोया
एक अधूरे से ख़्वाब की तल्ख़ी।

मौत दरअसल ज़िन्दगानी है
ज़िन्दगी है सराब की तल्ख़ी।

कोई ऐसा सवाल मत कीजिए
के रूलाए जवाब की तल्ख़ी।

जान-ए-'शहज़ाद' किस को भायी है
तुझ से ख़ाना ख़राब की तल्ख़ी।

आगही : Self Awareness, अपनी ज़ात का ज्ञान
भायी : पसन्द आना
ख़ाना खराब : उजड़े हुए धर वाला
तल्ख़ी : कड़वाहट

○

दर्द फिर बे लगाम है दिल में
चैन दिल पर हराम है दिल में।

जाने किस आस की कटे गर्दन
आज फिर क़त्ले आम है दिल में।

शक्ल है एक, जिस तरफ़ देखूँ
हर तरफ़ एक नाम है दिल में।

ख़्वाब पहने हैं हर तमन्ना ने
किस क़दर एहतमाम है दिल में।

आरज़ू, हसरतें, तलब, ख़्वाहिश
हाथ में सब के जाम है दिल में।

वस्ल की हो के सिर्फ़ यादों की
शाम का एहतराम है दिल में।

जान-ए-'शहज़ाद' तेरी आँखों से
रौशनी सुब्ह-ओ-शाम है दिल में।

एहतराम : इज़्ज़त तलब : चाहना
एहतमाम : to arrange specially for someone

○

दूर रहकर वो पास है कितना
क्या कहूँ दिल उदास है कितना।

कोई देखे तो मुस्कुराहट का
खून में तर लिबास है कितना।

छुपता फिरता है 'आब साए' से
प्यास का दिल को पास* है कितना।

शक्ल से दूर दिल में बस्ता है
ग़म तबीयत शनास है कितना।

आरजूओं की मर्ग-ए-नाहक़ पर
'आस चेहरा' उदास है कितना।

तुझ को 'शहज़ाद' हारता पाकर
देख, दुख नज़्र-ए-यास है कितना।

आबसाया : पानी का साया
तबीयत शनास : मिज़ाज जानने वाला
शनास : वाकिफ होने वाला
*पास : लिहाज़
नज़्रे-यास : उदासी के हवाले
नाहक : (unjustified)
यास : उदासी
मर्ग : मौत

○

नहीं नहीं मुझे इक़रार है ख़ताओं का
गुनाहगार न कीजे मुझे दुआओं का।

न जुर्म तू ही बताना, न मैं ही पूछूंगा
न टूट जाये कहीं हौसला सज़ाओं का।

अलग ज़रूर हैं लेकिन जुदा नहीं मैं, तू
हमारा प्यार, ताअल्लुक़ है धूप छाओं का।

मैं अपना, आप ही बन्दा हूँ, अपना आप ख़ुदा
ये दिल पुजारी नहीं ग़ैर के ख़ुदाओं का।

ठहरना लाख मैं चाहूँ ठहर नहीं सकता
सफ़र से दश्त के, रिश्ता है 'फ़िक्र पाओं' का।

पुकारती ही रहेगी तुझे हर इक धड़कन
जवाब लाख न आये मेरी सदाओं का।

संग : पत्थर
फ़ज़ा : मौसम
दश्त : रेगिस्तान

सभी लबों ने तसल्ली के संग बरसाए
समझ न पाया कोई दर्द 'दिल-फ़ज़ाओं' का!

लुभा न पायेगा ग़म्ज़ा, न अब अदा कोई
कि आशना है मेरा दिल तेरी अदाओं का।

बुझा दिया वो दिया जिस का नाम था 'शहज़ाद'
करम भी हमने ये देखा अलम हवाओं का!!!

ग़म्ज़ा : आँख का इशारा
अलम : दुख

○

हर एक सांस है गोया नया अज़ाब मुझे
बिछड़ के तुम से नहीं ज़िन्दगी की ताब मुझे।

गुज़र गया वो सफ़र जिस की राह में जानाँ
तुम्हारी आँख का काजल था आफ़ताब मुझे।

मेरी हयात के सादा सा एक सवाल है, 'क्यों'?
मिला नहीं है मगर आज तक जवाब मुझे।

मैं फूट फूट के रोऊँ के खिल खिला के हँसूँ
ये किस मक़ाम पे ले आया इज़्तेराब मुझे।

मैं जिस को ख़िज़्र समझता रहा क़दम ब क़दम
बना गया है वोही रहरू-ए-सराब मुझे।

तुम्हारा टूट ही जाना था मस्लिहत 'शहज़ाद'
समझता कौन वगरना खुदा, जनाब, मुझे

ताब : हिम्मत
आफ़ताब : सूरज
ख़िज़्र : रास्ता दिखाने वाला
मस्लिहत : समय के अनुसार
रहरू-ए-सराब : सराब की तरफ़ जाने वाला मुसाफिर
इज़्तेराब : बेचैनी

○

दूर ख़ुद से निकल गया हूँ मैं
लोग समझे बदल गया हूँ मैं।

अब मिटा पाये तो मिटा दे मुझे
दर्द में तेरे ढल गया हूँ मैं।

दिल समझता है आक़िल-ए-आलम
अक्ल कहती है चल गया हूँ मैं।

देख, आँखों से ख़ून बह निकला
हिददृत-ए-ग़म, पिघल गया हूँ मैं।

मोजज़ों पर यक़ीन ले आओ
गिर के फिर से संभल गया हूँ मैं।

उस की चश्म-ए-करम के पाते ही
सारी महफ़िल को खल गया हूँ मैं।

दीद इतनी अज़ीज़ थी उस की
दार पर सर के बल गया हूँ मैं।

आक़िल-ए-आलम : दुनिया का सबसे अक़्लमन्द शख़्स
हिद्दत : तपिश
चल गया : पागल हो गया
हिद्दतेग़म : ग़म की तपिश
मोजज़ा : चम्तकार
दीद : देखना
दार : सूली

○

उस के उठते ही ज़रा बैठ सा जाना दिल का
याद है आज भी हम को वो ज़माना दिल का।

याद आया तेरी आँखों का वो उठ कर झुकना
अब तो मुम्किन ही नहीं होश में आना दिल का।

यूँ तो हर शेर पे तहसीन का तूफ़ान उठा
सुनने वालों ने मगर हाल न जाना दिल का।

कैसे मुम्किन है मेरा चैन से सोना इक पल
बेक़रारी के नगर में है ठिकाना दिल का।

डूब सूरज ने, लहू 'शाम बदन' कर डाला
उस से देखा न गया जान से जाना दिल का।

तहसीन : तारीफ़

○

कौन आयेगा भला उजड़े हुए घर की तरफ़
आज कल बादल बरसते हैं समन्दर की तरफ़।

तोहमतों के संग मुझ पर शौक़ से फेंको, मगर
देख लेना पहले अपने काँच के घर की तरफ़।

मैं न ईसा हूँ न मैं मंसूर, न इब्ने अली
उँगलियाँ क्यों उठ रही हैं फिर मेरे सर की तरफ़

वुस्सअतें जब आसमाँ की फिर बुलाती हैं मुझे
देख लेता हूँ वहीं टूटे हुए पर की तरफ़।

इस्तआरे ढूँढ़ती है बेहिसी इज़हार को
जा ठहरती है नज़र हर बार पत्थर की तरफ़।

इस्तेआरे : किसी एक चीज़ से दूसरे चीज को बयान करना, (synonym)
बेहिस : जैसे जम गया हो (frozen feeling), (unfeeling)
तोहमतों के संग : बदनामियों के पत्थर वुस्सअतें : फैलाव

○

सफ़र की जब से नीयत हो गयी है
हमें इस घर से वहशत हो गयी है।

उगाई थी जो उम्मीदों ने दिल में
सहर वो, शाम-ए-फुर्क़त हो गयी है।

न आया गर, तो मर जायेंगे पल में
नफ़स की इतनी आदत हो गयी है।

कली, ख़्वाहिश की, जो फूटी थी दिल में
वो बन कर फूल, हसरत हो गयी है।

बिछड़ कर आप से 'शहज़ाद' जीना
क़यामत था, 'प' आदत हो गयी है।

शाम-ए-फुर्क़त : जुदाई की शाम　　वहशत : घबराहट
नफ़स : सांस

○

ख़्वाबों में तेरे गर मेरी ख़्वाहिश नहीं होगी
मुझ से तेरी आँखों की परस्तिश नहीं होगी।

आवाज़ मेरी बैठ तो सकती है थकन से
लहजे में मगर मेरे गुज़ारिश नहीं होगी।

हो फ़िक्र जिसे ख़ुद वो मेरा हाल परख ले
मुझ से तो मेरे ग़म की नुमाइश नहीं होगी।

धड़कन में तेरा नाम बहर हाल रहेगा
होंठों पे मेरे हाँ, तेरी ख़्वाहिश नहीं होगी।

मैं भी तो बिल्आख़िर तेरी तख़लीक़ हूँ मौला
क्या मुझपे कभी तेरी नवाज़िश नहीं होगी।

ले डूबेगी ये तिश्ना लबी अब के बरस क्या
क्या अब के तेरे वस्ल की बारिश नहीं होगी।

माने *के न माने मुझे 'शहज़ाद' ज़माना
ये तै है के मुझ से कोई साज़िश नहीं होगी।

परस्तिश : पूजा
नवाज़िश : मेहरबानी
तख़लिक़ : ख़ुदा की बनाई हुई चीज़
*के : के हिन्दी का 'कि' मानकर पढ़ेंगे

○

खुद अपनी तरह दिमाग़ों से मावरा कर दे
मैं जुज़्व-ए-कुल हूँ तो यारब मुझे खुदा करदे।

मैं दश्त-ए-ज़ात की तन्हाइयों में उम्रों से
कम आसरा हूँ मुझे मेरा आसरा कर दे।

समन्दरों में ये दरिया उतारने वाले
मेरे लहू में मुहब्बत को ला पता कर दे

अब ऐसे दौर में पैदा ही कर दिया है अगर
तो यूँ भी कर मुझे थोड़ा सा बे वफ़ा कर दे।

बजुज़ क़लम न निभाया किसी ने साथ मेरा
मेरे क़लम को मेरी ज़िन्दगी अता कर दे

दिमाग़ों से मावरा : सोच से परे
मावरा : ऊपर (Beyond)
जुज़्व-ए-कुल : कुल का हिस्सा
बजुज़ क़लम : क़लम के सिवाय
बजुज़ : सिवाय

○

नहीं है अब कोई रस्ता नहीं है
कोई जुज़ आपके अपना नहीं है।

अजब है रौशनी, तारीकियों सी
के मैं हूँ और मिरा साया नहीं है।

परस्तिश की है मेरी धड़कनों ने
तुझे मैंने फ़क़त चाहा नहीं है।

मैं शायद तेरे दुख में मर गया हूँ
कि अब सीने में कुछ दुखता नहीं है।

क़यामत है यही इद्राक जानां
मैं उसका हूँ कि जो मेरा नहीं है।

तुझे महसूस भी मैं कर न पाऊँ
अँधेरा है मगर इतना नहीं है।

हर इक रस्ते का पत्थर पूछता है
तुझे क्या कुछ भी अब दिखता नही है

वो पागल है ख़बर है सबको लेकिन
तेरा 'शहज़ाद' दीवाना नहीं है।

इद्राक : समझ
जुज़ : सिवाय

परस्तिश : पूजा
तारिकी : अँधेरा

○

अपनों के लिए बाइस-ए-तकलीफ़ हुआ हूँ
'शहज़ाद' हूँ यारब *के तिरे जैसा ख़ुदा हूँ।

कल हाल पे अपने उसे रोता हुआ पाकर
मैं पहले पहल ख़ुद को बहुत छोटा लगा हूँ।

धड़कन है के सीने में बरसते हुए पत्थर
मैं काँच के बर्तन की तरह टूट गया हूँ।

सुन पाओ तो इबरत मेरे अहवाल से पकड़ो
चुप चाप गुज़रते हुए लम्हों की सदा हूँ।

शायद के यही दिन था मिरी शब का मुक़द्दर
सूरज हूँ उभरते ही मगर डूब रहा हूँ।

जाकर जो पलटता ही नहीं, वक़्त हूँ ऐसा
मक़बूल जो होती ही नहीं ऐसी दुआ हूँ।

बाइस-ए-तकलीफ़ : तकलीफ़ का सबब
इबरत : सबक लेना
*के : के हिन्दी का 'कि' मानकर पढ़ेंगे

बाईस : सबब, वजह
अहवाल : हाल
मक़बूल : कबूल होना

तू साथ थी मेरे तो कड़ी धूप थी साया
बिन तेरे घने पेड़ के साये में जला हूँ।

'शहज़ाद' ये जीवन भला किस तरह कटेगा
बरहम है बोहत मुझ से तू, मैं तुझ से ख़फा हूँ।

बरहम : नाराज

○

खुली जो आँख तो वो था, न वो ज़माना था
दहकती आग थी, तन्हाई थी, फ़साना था।

ग़मों ने बाँट लिया है मुझे यूँ आपस में
के जैसे मैं कोई लूटा हुआ ख़ज़ाना था।

जुदा है शाख़ से, गुलरूत से, आशियाने से
कली का जुर्म घड़ी भर का मुस्कुराना था।

ये क्या कि चन्द ही क़दमों पे थक के बैठ गयीं
तुम्हें तो साथ मेरा दूर तक निभाना था।

बढ़ा के प्यास, सराबों के बीच छोड़ गया
सफ़र, कि जिसने मेरी प्यास को बुझाना था।

मुझे जो मेरे लहू में डुबो के गुज़रा है
वो कोई ग़ैर नहीं, यार इक पुराना था।

ख़ुद अपने हाथ से 'शहज़ाद' उस को काट दिया
*के जिस दरख़्त की टहनी पे आशियाना था।

सराब : मृगतृष्णा (mirage)
*के : हिन्दी का 'कि' पढ़ा जायेगा

○

ख़ामोश क्यों खड़ा है 'सुख़न जान' बात कर
मर जायेगा वगरना मेरी मान बात कर।

किसने कहा के बात का मतलब भी हो कोई
इस दौर की यही तो है पहचान बात कर।

चुप चाप हार मानना मन्सब नहीं तेरा
'तुझ शान' के नहीं है ये शायान, बात कर।

कटवा के सर भी चुप जो रहा वो हुसैन था
तू कब है उस की ख़ाक सा इन्सान, बात कर।

हाँ चीख़ कर बता कि खड़ा देखता था रब
जब कट रहे थे बे-सर-ओ-सामान बात कर।

शायान : क़ाबिल होना
बे-सर-ओ-सामान : बिना जान-ओ-माल, गरीब
सुख़न जान : शायरी की जान
सुख़न : बात, शायरी; जान : ज़िन्दगी

○

थमा जो दर्द का तूफ़ाँ तो ये खुला दिल पर
हर एक ख़्वाब का दर बन्द हो गया दिल पर

हर इक अलम का असर आज बे असर ठहरा
असर अजीब तेरे दर्द का हुआ दिल पर।

न अश्क आँख में आये न होंठ थर्राए
अजीब कर्ब था चुपके से छा गया दिल पर।

दिये से पूछ रही थी हवा बुझा के उसे
'धूएँ का दाग़ भला किस तरह लगा दिल पर'?

सबब जो शाम ने पूछा उदास ग़ज़लों का
हर एक लफ़्ज़ ने इल्ज़ाम रख दिया दिल पर।

कर्ब : दुख

○

मेरी सदाओं का कुछ तो जवाब दे मुझ को
सुकून-ए-दिल न सही इज़्तेराब दे मुझ को।

मै मर चुका हूँ के ज़िन्दा हूँ कुछ पता तो चले
खुशी नसीब नहीं गर अज़ाब दे मुझ को।

सता रही है मुझे दिल के आबलों की तपक
नहीं गुलाब तो ख़ार-ए-गुलाब दे मुझ को।

ख़ुदी के कश्फ़ को ले डूबे बे ख़ुदी शायद
शराब दे मेरे साक़ी, शराब दे मुझ को।

गवाँ के तुझ को मैं क़ल्लाश हो गया यारब
मैं लुट गया हूँ नया कोई ख़्वाब दे मुझ को।

इज़्तेराब : बेक़रारी　　तपक : टीस
क़ल्लाश : बहुत गरीब　　कश्फ़ : जानना

○

ख़्वाब जुदा, रंग भरना और
कहना और है, करना और!

जाँ देकर भी लगता है
मुझ को है कुछ मरना और।

सहरा का दुख समझे कौन
होना और, गुज़रना और।

घर में रहना बात जुदा
दिल में जान उतरना, और।

और है उसके गुन गाना
तन्हाई पर मरना और।

आया, तो कट भी जायेगा
पर उस पल से डरना और।

ग़ैर को अपना मत कहना
ज़ख़्म मिलेंगे वरना और।

O

ग़म के घिर आये हैं बादल ज़रा आहिस्ता चल
बज उठी दर्द की पायल ज़रा आहिस्ता चल।

रास्ता खोके है पाना यहाँ दुश्वार बोहत
दहर है सोच का जंगल ज़रा आहिस्ता चल।

साथ रफ़्तार का मैं तेरी नहीं दे सकता
हो सके तो दिल-ए-बेकल, ज़रा आहिस्ता चल।

देख मुश्किल हैं बहुत शहर-ए-वफ़ा की राहें
हर क़दम पर है नया बल ज़रा आहिस्ता चल।

आबलापाई से बन आयी है जाँ पर 'शहज़ाद'
ख़ार भी कहते हैं पागल ज़रा आहिस्ता चल।

दहर : दुनिया
बेकल : बेचैन
आबला : छाला

○

रात पाया भी उसे मैंने तो, खोने के लिए
रह गया ख़्वाब सा आँखें मेरी धोने के लिए।

'तुम जुदाई' ने बना डाला समन्दर, सहरा!
दश्त बरसा है मेरे घर को डुबोने के लिए।

रौशनी ले के मेरी आँख से आँसू मेरा
ढूँढ़ने ख़्वाब चला चैन से सोने के लिए।

मेरे हाथों की लकीरों में तेरा नाम तो था
मिट गया जैसे निशां था कोई धोने के लिए।

मुझ में रहने ही लगा जिस्म में जाँ की सूरत
दर्द जो आया मेरे हाल पे रोने के लिए।

हार आया हूँ इसी फ़िक्र में दिन भी अपना
थक के जाऊँगा कहाँ रात भिगोने के लिए।

घर बनाता हुआ फिरता तो हूँ मुल्कों मुल्कों
दश्त हिस्से में मगर आयेगा सोने के लिए।

○

काम कठिन है, कर जाना है
यानी मुझ को मर जाना है।

तन्हाई रह तकती होगी
शाम ढ़ली है, घर जाना है।

डूब के तेरे दुख सागर में
दिल को पार उतर जाना है।

हाथ पकड़ कर मायूसी का
इक उम्मीद के घर जाना है।

हार नहीं यह ज़िद है मेरी
तुझ से बिछड़ कर मर जाना है।

क़त्ल मुझे करने का सेहरा
मयनोशी के सर जाना है।

रस्ता भूल गया हूँ लेकिन
मुझ को 'सोच नगर' जाना है।

मयनोशी : शराब पीना

○

कब है ये एहसास उसे
दुख आया है रास उसे।

बेहिस, पत्थर राहों में
यार मिले हस्सास उसे।

दिल धड़के ही जाता है
जाने क्या है आस उसे।

शायद यूँ दुख मिट जाये
रक्खो नज़्र-ए-यास उसे।

मैं 'शहज़ाद' को समझाऊँ
लाओ तो 'मुझ पास' उसे।

बेहिस : जो महसूस न कर सके
हस्सास : संवेदनशील
यास : उदासी
नज़्र-ए-यास : उदासी के हवाले
मुझ पास : मेरे पास

O

जो मिरे दिल में था मैंने दिल में रह जाने दिया
वो, जो कहता था उसे चुप चाप कह जाने दिया।

ऐसे भी मंज़र बिसात-ए-इश्क़ पर देखे गये
मूँद लीं पैदल ने आँखें और शह जाने दिया।

जो रहे सीने में, उन से शेर का चेहरा धुला
अश्क जो आँखों में आये उन को बह जाने दिया।

मुस्कुराहट का भला हो रह गयी ज़िन्दा अना
ओट में अपनी मुझे दुख उसने सह जाने दिया।

जाने कैसा हमसफ़र था, जाने कैसा ख़िज़्र था
पा गया मंज़िल, मुझे बेसिम्त-ओ-रह जाने दिया।

आज मग़रिब से तुलु-ए-शम्स का हो मोजज़ा
दिल लगा 'शहज़ाद' को और हँस के कह, 'जाने दिया'।

बिसात-ए-इशक : मोहब्बत की शतरंज
ख़िज़्र : रास्ता दिखाने वाला, रहबर
तुलू : उभरना, निकलना
मग़रिब : पश्चिम
अना : गर्व
मूँदना : बन्द करना
तुलु-ए-शम्स : सूरज निकलना
बेसिम : बगैर दिशा, दिशाहीन
मोजज़ा : चमत्कार

○

फैसला तुम को भूल जाने का
इक नया ख़्वाब है दिवाने का।

ज़िन्दगी कट गयी मनाते हुए
अब इरादा है रूठ जाने का।

दिल कली का लरज़ लरज़ उठा
ज़िक्र था फिर बहार आने का।

हौसला कम किसी में होता है
जीत कर खुद ही हार जाने का।

बात करते हो फिर गयी रूत की
क्या इरादा है फिर रूलाने का

आप 'शहज़ाद' की न फिक्र करें
वो तो आदी है ज़ख़्म खाने का।

लरज़ना : कँपकपाना

O

कभी तन्हा बैठ के मेरे लिए यादों का हार पिरोओगी
मेरी जान मुझे कुछ हो जाये तो सच कहना तुम रोओगी?

ये जीवन मेरी नज़रों में एक ख़्वाब सराब सा है प्यारी
ये ख़्वाब-ए-हसीं लुट जायेगा गर पल भर को भी सोओगी।

मैं दोश-ए-सबा पर बर्ग-ए-ख़िज़ां, क्यों मेरी तमन्ना करती हो
पाना तो मेरा मुम्किन ही नहीं, हाँ अपना आप भी खोओगी।

ये दाग़े मुहब्बत है प्यारी, गर आन लगा तो आन लगा
फिर जानां ये जाने का नहीं तुम लाख लहू से धोओगी

दिल के सौदों में घाटा है, हो पाये तो थम जाओ वरना
ख़ुशियों के एवज़ ऐ जान-ए-जहाँ, अम्बार ग़मों के ढोओगी।

शहज़ाद से दर्स-ए-इबरत लो जज़्बाती बातें रहने दो
गर इश्क़ सफ़र को निकलोगी तो थाम कलेजा रोओगी।

बर्ग-ए-ख़िज़ां : पतझड़ का पत्ता
दर्स-ए-ईबरत : सबक़ सीखना
सराब : मरुस्थल में जल का अभास
दर्स : सबक़
अम्बार : ढेर
दोश-ए-सबा : हवा के काँधे पर
एवज़ : बदला
ख़िजां : पत्तझड़

○

जख़्म मिलें तो दिल दुखने की बात समझ में आती है
पर ये खुशी कोई समझाए दिल क्यूँ ज़ख़्मा जाती है।

कुछ भी नहीं दुख मेरे बिन, जुज़ दुख के मेरा कोई नहीं
जैसे दुख नौशा है और ये दिल तन्हा बाराती है।

''ऐसे तो इक रोज़ तू अपने आप को कुछ कर बैठेगा
तन्हाई का रोग बुरा है'', तन्हाई समझाती है

चैन सा आ जाता है मन को, सांस बदन से जाते ही
देख के लेकिन मेरा सुख फ़ौरन वापस आ जाती है।

है कोई जो मुझसे मुझको मिलवादे 'मैं' समझा दे
अब ख़ामोशी से मुझको 'शहज़ाद' सदा ये आती है।

नौशा : दूल्हा

○

जुज़ मिरे कोई सफ़र में हम सफ़र मेरा नहीं
मुन्तज़िर कोई, कहीं, बाचश्म-ए-तर मेरा नहीं।

मैं, हुसैन इब्ने अली की जूतियों की ख़ाक हूँ
झुक गया जो दर्द के आगे वो सर मेरा नहीं।

फैल सकता हाथ, तो मैं तुझसे तुझको माँगता
पर मिले जो भीक में वो चारागर मेरा नहीं।

सो सके तू चैन के बिस्तर पे मुझको भूल कर
इस क़दर भी प्यार जानां बे असर मेरा नहीं।

खुश्क पत्ते ने सुना दी एक पल में दास्ताँ
माजरा 'शहज़ाद' वरना मुख़्तसर मेरा नहीं।

माजरा : क़िस्सा — बाचश्म-ए-तर : आँख नम करे हुए
चारागर : इलाज करने वाला — मुख़्तसर : सीमित

○

फिर वहशत-ए-दिल मोरिद-ए-इल्ज़ाम हुई है
आँखों में जले दीप के फिर शाम हुई है।

मुमकिन है ख़राबों में कोई दर्द बटाए
शहरों में तो तन्हाई बोहत आम हुई है।

सच्चाई, के फिरते हो जिसे दिल से लगाए
ये जिन्स तो इस दौर में दुश्नाम हुई है।

हम जीत के ख़ुद हार गये इश्क़ की बाज़ी
क़िस्मत तो मियाँ मुफ़्त में बदनाम हुई है।

क्या फ़िक्र के नज़्र-ए-ग़म-ए-दिल हो गया सीना
ज़ुल्मत ही तो हर सुब्ह का अंजाम हुई है।

हर ज़ख़्म है तस्कीन-ए-दिल-ओ-राहत-ए-मिज़गां
अब शाम-ए-अलम बाइस-ए-आराम हुई है।

हर जहद-ए-इलाज-ए-ग़म-ए-दिल, ऐ दिल-ए-'शहज़ाद'
हर बार नये ज़ख़्म का पैग़ाम हुई है।

मोरदि-ए-इल्ज़ाम : इल्ज़ाम का सबब   मोरिद : वजह   दुशनाम : गाली
बाइस-ए-आराम : आराम की वजह   जिन्स : चीज   मिज़गां : पलक
जहद-ए-इलाज-ए-ग़म-ए-दिल : दिल के गम के इलाज की कोशिश   जेहद : कोशिश

○

अजनबी देस में अजनबी अजनबी
आप से हो गये आप ही अजनबी।

देखती है हमें सुबह की हर किरण
जैसे देखे किसी को कोई अजनबी।

खुल रही है उदासी शिकन दर शिकन
दम बदम हो रही है ख़ुशी अजनबी।

दिल के चारों तरफ़ है खड़ी देर से
कर्ब की एक दीवार सी अजनबी

मौत को क्यों न बढ़कर लगा ले गले
जिससे 'शहज़ाद' हो ज़िन्दगी अजनबी।

कर्ब : दुख
शिकन : सलवट

○

सितम ये प्यार उस का कर गया है
मुहब्बत से मिरा दिल भर गया है।

क़यामत था, बला था वो मुसाफ़िर
सफ़र लेने जिसे उठ कर गया है।

नज़र आता नहीं कुछ भी किसी को
ये सब आँखों में क्या घर कर गया है।

ज़रा सी देर में आना क़यामत
अभी दिल, दिलज़दा बाहर गया है।

समन्दर चूमने पैरों को किस के
बँटा लहरों में, साहिल पर गया है।

दिल ज़दा : दुखा हुआ दिल
साहिल : किनारा

○

शाम की फ़िक्र में सहर से गया
फिर न लौटा कोई जो घर से गया।

जिसने देखा भी आसमाँ की तरफ
आज बस वो ही बाल-ओ-पर से गया।

फिर न देखा कभी उसे हम ने
एक मौसम सा जो इधर से गया।

ग़म में तल्ख़ी न आग ज़ख़्मों में
ज़ाएक़ा शेर के हुनर से गया।

कट ही जाता है दिन भी शब की तरह
जब से एक ख़्वाब चश्म-ए-तर से गया।

मुज़महिल हैं क़रार-ओ-बेचैनी
हर असर दर्द-ए-बा-असर से गया।

मल्गजी धुँध रास्ता ठहरी
और यक़ीं दूर राहबर से गया।

मुज़महिल : कमज़ोर
रहबर : राह दिखाने वाला
मल्गजी : मैली

○

कड़ी है धूप बोहत राह-ए-ख़ार ख़ार के साथ
निकल पड़े हैं मगर हम तुम्हारे प्यार के साथ।

न तोड़ पायेगी दुनिया की कोई रस्म इसे
हमारा दर्द का रिश्ता है और प्यार के साथ।

जिन्हें अज़ीज़ है अब ख़ुदकुशी का ज़िक्र बोहत
ख़िज़ां भी दिल से लगाते थे वो बहार के साथ।

शराब पी थी कि शायद नशा ही ले डूबे
उतार दिल पे चढ़ा है मगर ख़ुमार के साथ।

लिखा है टूट ही जाना अगर मुक़द्दर में
तो यह भी तय है कि टूटेंगे हम वक़ार के साथ।

वक़ार : इज़्ज़त

O

मैं वक़्फ़-ए-हिज्र रहूँ, अंनजुमन की जान हो तू
ख़ुदा करे के जहाँ भी हो, शादमान हो तू।

मैं बर्ग-ए-खुश्क की मानिन्द दश्त दश्त रहूँ
गुलों की रूत में भरे गुलसिताँ की शान हो तू।

मह-ए-तमाम की रौशन हसीन रातों में
मुझे जो खून रूलाए वो मेहरबान हो तू।

तू, ग़ैर बन के सही, मेरे साथ साथ रहे
क़दम क़दम मेरी चाहत का इम्तिहान हो तू।

जो जल के धूप में 'शहज़ाद' राह चलतों का
बढ़ाए अज़्म-ए-सफ़र ऐसा साएबान हो तू।

शादमान : खुश
अज़्म-ए-सफर : सफ़र का इरादा
बर्ग-ए-खुश्क : सूखा पत्ता
मह-ए-तमाम : पूनम का चाँद

○

मुझे ख़बर थी वो मेरा नहीं पराया था
'प' धड़कनों ने उसी को ख़ुदा बनाया था।

मैं ख़्वाब ख़्वाब जिसे ढूँढता फिरा उम्रों
वो अश्क अश्क मेरी आँख में समाया था।

हवा रगेदती फिरती है तुरबतों पे उसे
फ़रेब-ए-ज़ीस्त में आकर जो मुस्कुराया था।

तेरा कुसूर नहीं जान, मेरी तन्हाई
ये रोग मैंने ही खुद जान को लगाया था।

थे ख़ार ख़ार तख़य्युल के बेकराँ रस्ते
मैं ज़ख़्म ज़ख़्म हर एक गाम मुस्कुराया था।

तमाम शहर में एक वो है अजनबी मुझ से
के जिस ने गीत मेरा शहर को सुनाया था।

हयात जागती आँखों का ख़्वाब लगने लगी
ज़रासी देर को 'शहज़ाद' सर झुकाया था।

रगेदती : कुचलती
तुरबत : क़ब्र
गाम : कदम
फ़रेब-ए-ज़ीस्त : ज़िन्दगी का धोका
तख़य्युल : सोच/ख़्याल

○

सितम यह आगही ने ढा दिया है
*सर-ए-मंज़िल मुझे भटका दिया है।

खिलाया जिस हरारत ने कली को
उसी ने एक दिन कुम्हला दिया है।

ज़रा सी बात थी तेरा बिछड़ना
ज़रा सी बात ने तड़पा दिया है।

भँवर में ज़िन्दगी के, तेरे ग़म की
कसक ने रास्ता दिखला दिया है।

अन्धेरे, रौशनी से फूटते हैं
मुझे इस बात ने लरज़ा दिया है।

बड़ी 'शहज़ाद' यख़बस्ता फ़ज़ा थी
तेरे अश्आर ने गरमा दिया है।

यख़बस्ता : बर्फीली
कसक : टीस
*सर : पास
आगही : Self Knowledge
सर-ए-मंज़िल : मंज़िल के पास

O

कुछ ऐसे तीरगी को निगलने लगा चराग़
जैसे भड़क के बुझने चला हो मेरा चराग़।

सूरज कहो कि चाँद के सीने में दिल कहो
आख़िर को डूब जाता है जो भी हुआ चराग़।

मुझ को लगा कि जैसे हर इक ज़ख़्म बुझ गया
जब उसने आके शाम को रौशन किया चराग़।

कमरे में मेरे गोया सितारे बिखर गये
देखा उसे जो हँसते हुए, खिल पड़ा चराग़।

फिर यूँ हुआ के रौशनी आँखों से गिर पड़ी
जैसे के दफ़्फ़अतन ही कोई बुझ गया चराग़।

दो गाम ही सही, कोई हमराह तो चला
एक रात ही सही कोई बन तो गया चराग़।

सारे ही इस्तआरे मेरी ज़िन्दगी के हैं
तन्हाईयाँ, उदासियाँ, बुझता हुआ चराग़।

इस्तआरे : मिसाल
दफ़्फ़अतन : अचानक
चराग़ : हिन्दी का चिराग़

O

चलते रहोगे चलना ही तक़दीर है अगर
थम जाओगे लिखी हुई ज़न्जीर है अगर।

तौफीक़ गर मिले तो हो ठोकर में कुल जहाँ
ठोकर में सर रहेगा ये तक़दीर है अगर।

इक रोज़ हार जायेगा दुनिया का हर अलम
उल्टी हमारे ख़्वाब की ताबीर है अगर।

खुद उठ के पैर चूमने आयेंगी मंज़िलें
तक़दीर जैसी आप की तदबीर है अगर।

सब कुछ ग़लत है, हिज्र से लेकर विसाल तक
चेहरा हर एक उस की ही तस्वीर है अगर।

दो चार घूँट और के कुछ हौसला बंधे
बेमाएगी पे दिल तेरा दिलगीर है अगर।

घर के बजाय अब के खण्डर इक बनाइये
बाक़ी अभी भी हसरत-ए-तामीर है अगर।

तौफ़ीक़ : हौसला, ताक़त
तामीर : बनाना
ख़्वाब की ताबीर : Interpretation of dream
तदबीर : Plan
बे माएगी : मुफलिसी, ग़रीबी
दिलगीर : दिल दुखी होना

○

है इब्तदा-ए-शब तू अभी इन्तहा न कर
कर सब्र इन्तहा-ए-अलम इब्तेदा न कर।

वो रब न थी कि भूल के तू जिसको जी सके
घबरा के ग़म से इतना बड़ा फैसला न कर

देखा मुझे तो दुख ने बड़े कर्ब से कहा
यारब किसी का यार किसी से जुदा न कर।

रक्खेगा ठोकरों में तेरे सर को कल वो ही
पल्कों से उस की राह के काँटे चुना न कर।

ये मशग़ला उमंग न जीने की छीन ले
साहिल पे आके टूटती मौजें तका न कर।

कट जायेगी ये रात भी जीवन कहें जिसे
ढल जायेगा ये शम्स-ए-सफ़र ज़ी बुरा न कर

इन्तहा-ए-अलम : दुखों की आख़री हद   मौज : तरंग, लहर   कर्ब : दुख
मशग़ला : hobby   उमंग : मज़ा, जोश
शम्स-ए-सफ़र : सफ़र का सूरज   शम्स : सूरज

खो जायेगा बिछड़ के किसी रोज़ तुझ से तू
खुद को यूँ अपने आप से बरहम किया न कर।

तन्हाइयों में रो भी लिया कर कभी कभी
हर ज़ब्र हिज्र रात का हंस कर सहा न कर।

'शहज़ाद को भी सोच' कहा उस ने कल मुझे
हर दम मेरे ख़्याल में यूँ गुम रहा न कर।

बरहम : नाराज़
ज़ब्र : ज़बरदस्ती

○

पैरों में दश्त, सर पे खुला आसमान है
ऐ जुस्तजू संभल के तेरा इम्तेहान है।

तिश्ना लबी, सराब, थकन, कश्मकश, जुनूँ
लेकिन नज़र में आज मुहब्बत की आन है।

मेरा यक़ीन तुझ पे कभी डोलता नहीं
मेरी मुख़ालिफ़त में अगरचे जहान है।

कुम्हलाए क्यों भला दिल-ए-उम्मीद की कली
अज़्म-ए-जवां का सर पे मेरे साइबान है।

मैं तिश्नगी-ए-शौक़ पे क्यों कर उदास हूँ
ये प्यास ही तो मेरी वफ़ा का निशान है।

आयी है मौत माँगने 'शहज़ाद' ज़िन्दगी
माथे पे उस के तेरी ज़फर का निशान है।

मुख़ालिफ़त : विरोध करना
ज़फर : जीत
अज़्म-ए-जवां : मज़बूत इरादा
अज़्म : इरादा

○

एक कर्ब की तलवार है और दिल पे तनी है
मत पूछ के क्या चीज़ ग़रीबुलवतनी है।

देखूँ तो ताअय्युश की हर एक शै है मयस्सर
सोचूँ, तो तहीदस्त हूँ और जाँ पे बनी है।

फिर छूट गया हाथ से उम्मीद का दामन
फिर अब्र-ए-बलाखेज़ की आँखों से ठनी है।

अब देखिये जाता है जुनूँ लेकर किधर को
फिर शक्ल तेरी, मेरी बसारत पे तनी है।

बोले, तो खिलें दश्त-ए-बला ख़ेज़ में गुलज़ार
मुम्किन नहीं इज़्हार वो गुंचादहनी है।

ईमान मैं ले आया हूँ उस शोख पे जिसके
चेहरे से अयाँ आदत-ए-वादा शिकनी है।

हूँ 'जोश' *के 'शहज़ाद' ज़बां गुंग है सब की
#'क्या गुलबदनी, गुलबदनी, गुलबदनी है'

ग़रीबुलवतनी : वतन से दूर
ताअय्युश : ऐशो आराम
तहीदस्त : ख़ाली हाथ
बला ख़ेज़ : ज़्यादा मुसीबत वाला
अब्रे बला खेज़ : मुसिबतों के बादल में घिरना
बसारत : आँख की रौशनी
गुंचादहनी : जिस का मुँह कली की तरह खूबसूरत मुँह
अयाँ : ज़ाहिर होना;
*के : के हिन्दी का 'कि' मानकर पढ़ेंगे
#जोश मलीहाबादी

○

अलम का सिलसिला फ़ानी नहीं है
*के दिल में आग है, पानी नहीं है।

मैं अब भी मुन्तज़िर रहता हूँ तेरा
मगर अब वो परेशानी नहीं है।

अकेला है बोहत सहरा भी लेकिन
मेरे दिल जैसी वीरानी नहीं है।

सुनाऊँ हाले दिल हर अंजुमन में
मेरे ग़म में वो अरज़ानी नहीं है।

क़बा लफ़्ज़ों की बख़्शी है अलम को
मेरा मसलक ज़बांदानी नहीं है।

जवां है रात, मय भी पी हुई है
तबीयत फिर भी जौलानी नहीं है।

चलो 'शहज़ाद' दिल के ज़ख़्म खुरचें
के यूँ भी नींद तो आनी नहीं है।

फानी : ख़त्म होने वाला
अरज़ानी : सस्ता होना
अलम : दुख
मसलक : ईमान, अक़ीदा
मुन्तज़िर : इन्तज़ार में
कबा : लिबास
ज़बांदानी : शब्दों से खिलवाड़
जौलानी : तंरग भरी
*के : के हिन्दी का 'कि' मानकर पढ़ेंगे

O

अपनी ग़ज़लों में तेरा 'हुस्न सुनाऊँ' आजा
आ ग़मे यार तुझे दिल में बसाऊँ आजा।

बिन किये बात तुझे बात सुनाकर दिल की
तेरी आँखों में 'हया रंग' सजाऊँ आजा।

अनछूए होंठ तेरे एक कली से छू कर
उस को मफ़हूम-ए-नज़ाकत से मिलाऊँ, आजा।

मैंने माना के तू साक़ी है, मैं मैकश तेरा
आज तू पी, मैं तुझे जाम पिलाऊँ, आजा।

ख़्वाब पहनाऊँ तुझे अपनी जवां धड़कन के
दुख छुपा कर तुझे हँसना मैं सिखाऊँ आजा।

टूट कर भी मैं तेरे नाज़ उठाऊँ 'शहज़ाद'
हार कर जान, तुझे जान जिताऊँ आजा।

मफ़हूम-ए-नज़ाकत : नज़ाकत का मतलब
मफ़हूम : मतलब

○

दिन के हमराह किसी शब को निकल जाना था
वरना बे शक्ल इरादों से संभल जाना था।

शमा की तरह जलाया था तेरे ग़म ने जिसे
उसका अन्जाम बहर हाल पिघल जाना था।

दोष इस में तो मेरी जान किसी का भी नहीं
वक़्त का काम ही एक रोज़ बदल जाना था।

ज़िन्दगी भर वो रहा दर्द के अंगारों पर
जिस ने इक ख़्वाब के लम्हे को अटल जाना था।

तुम ही 'शहज़ाद' अकेले नहीं जाँ से गुज़रे
हर मुसाफ़िर को यहाँ शाम-ए-अज़ल जाना था।

अज़ल : हमेशा रहने वाला, वक़्त की शुरुआत

○

लहू से आँख का घर धो रहा हूँ
कहा किस ने मैं लुट कर रो रहा हूँ।

थका डाला था जीवन के सफ़र ने
सिमट कर अपने अन्दर सो रहा हूँ।

कराची से हूँ और हँस भी रहा हूँ
मैं रफ़्ता रफ़्ता पत्थर हो रहा हूँ।

उछाला तूने जिस तरह भी चाहा
तेरे हाथों में साग़र जो रहा हूँ।

मेरा अन्जाम हम सब जानते हैं
मैं सहरा में समन्दर बो रहा हूँ।

तुझे 'शहज़ाद' खोकर जिस को पाया
उसे खुद से बिछड़ कर खो रहा हूँ।

साग़र : जाम

○

नज़र नज़र में उजालों के ख़्वाब भरने हैं
अभी तो हम पे बड़े सानहे गुज़रने हैं।

अभी तो दर्द को ख़ुद ही दवा में ढ़लना है
अभी शिकस्त को कुछ और वार करने हैं।

ये जंग हम को अकेले ही जीतनी होगी
के अब ज़मीं पे पैयम्बर नहीं उतरने हैं।

बुरीदा हाथ, शिकस्ता क़लम, सिले हुए लब
सदा-ए-वक़्त के गेसू मगर सँवरने हैं।

जड़ों में सूखते पेड़ों की, खून डालना है
सफ़ेद आस के फूलों में रंग भरने हैं।

मै तेरा दिल न दुखाता, ऐ दर्द के लश्कर
प मेरी जीत से चेहरे कई निखरने हैं।

तेरी ग़ज़ल, ये तिरे ख़्वाब एक दिन 'शहज़ाद'
फ़िज़ा में रंग उम्मीदों के बन बिखरने हैं।

सानिहा : हादसा
बुरीदा : कटा हुआ
गेसू : ज़ुल्फ़

○

तू *के दुश्वार है पुर ख़ार है, हरजाई भी
ज़िन्दगी, दिल है मगर तेरा तमन्नाई भी।

कुछ तो अहबाब की बीनाई थी कमज़ोर बोहत
और कुछ दूर भी थी सतह से गहराई भी।

शाम के साथ तुझे खोजते हर मंज़र में
हाथ आँखों से छुड़ाने लगी बीनाई भी।

मुझ से पहले मेरी शोहरत पे उठे हैं पत्थर
कितनी बदनाम हुई है मेरी रूसवाई भी।

और अब यूँ है कि महफ़िल ही नहीं मुझ से ख़फ़ा
चल पड़ी रूठ के मुझ से मेरी तन्हाई भी।

मेरे किरदार पे फ़तवे जो गढ़ा करते हैं
काश बीनाई से हो उन की शनासाई भी।

मेरे 'शहज़ाद' तेरा कोई नहीं जुज़ तेरे
कर गयी देख अकेला तुझे तन्हाई भी।

अहबाब : दोस्त
शनासाई : वाकफ़ियत
सतह : ज़मीन का ऊपरी तल
बीनाई : देखने की ताकत
*के : के हिन्दी का 'कि' मानकर पढ़ेंगे

○

गिरा है ख़ाक-ए-मुज़ल्लत पे हर बशर कैसे
अज़ाब झेल रही है मेरी नज़र कैसे।

वो जिस के नाम से क़ायम था मंज़िलों का भरम
भटक रहा है ज़माने में दर बदर कैसे।

चहार सिम्त है दीवार-ए-बे अमां से खिंची
मैं इस खुले हुए जिन्दां को कह दूँ घर कैसे।

हैं शिम्र लाख, कई लाख, सैंकड़ों हैं हुसैन
बयान-ए-कर्ब-ओ-बला फिर हो मुख़्तसर, कैसे।

न राहज़न हैं न रहबर, न मंज़िलों के निशां
तुम्हीं बताओ के तै होगा ये सफ़र कैसे।

ख़ाक-ए-मुज़ल्लत : ज़िल्लत की ख़ाक — ज़िन्दां : जेलख़ाना
चहार सिम्त : चारों दिशाएँ — बे अमां : जिससे छुटकारा मुमकिन नहीं
शिम्र : The man who beheaded Imam Husain
बयान-ए-कर्ब-ओ-बला : दुख और तक़लीफ का ब्यान — मुख़्तसर : छोटा, सीमित
राहज़न : लुटेरे — रहबर : लीडर

सदा-ए-हक़ पे नहीं अब रिवाज-ए-दार-ओ-रस्म
लिखेगा कोई भला हर्फ़-ए-मोतबर कैसे।

मैं हाथ थाम के चल तो पड़ा हूँ साथ, मगर
निभाएगा ये सुकूँ रस्म-ए-राहबर कैसे।

गुलों की रूत में भी 'शहज़ाद' क्या क़यामत है
उजड़ गये हैं तेरे दिल के बाम-ओ-दर कैसे।

रिवाज-ए-दार-ओ-रस्म : फाँसी की रसम
सदा-ए-हक़ : सच की आवाज़
हर्फ़-ए-मोतबर : वो लफ्ज़ जिस पे एतबार किया जा सके

○

देखना उनका कनखियों से इधर देखा किये
अपनी आह-ए-कम असर का हम, असर देखा किये।

वो तो एक लम्हे को आये और आकर चल दिये
हम मगर इक उम्र अपने बाम-ओ-दर देखा किये।

जो बज़ाहिर हम से सदियों की मुसाफ़त पर रहे
हम उन्हें हर गाम अपना हमसफ़र देखा किये।

क़ाफ़िले वाले तो सारे मंज़िलों को हो लिए
एक हम ही थे के बैठे रहगुज़र देखा किये।

लम्हा लम्हा वक़्त का सैलाब चढ़ता ही गया
रफ़्ता-रफ़्ता डूबता हम अपना घर देखा किये।

कोई क्या जाने के कैसे हम भरी बरसात में
नज़्र-ए-आतिश अपने ही दिल का नगर देखा किये।

देख कर आसार तूफ़ां के परिन्दे उड़ गये
राह तूफ़ां की मगर तन्हा शजर देखा किये।

सुन के वो 'शहज़ाद' के अशआर सर धुनता रहा
थाम कर हम दोनों हाथों से जिगर देखा किये।

मुसाफ़त : सफ़र
नज़्र-ए-आतिश : आग के हवाले
आसार : निशानात

○

शनासा शक़्ल है, अन्दाज़ भी है जाना पहचाना
बोहत मुश्किल है तुझ को अजनबी सा नाम पहनाना।

तबीयत क्या है एक नादान बच्चे की कहानी है
बिखर जाये तो फिर आसां नहीं है उस को बहलाना।

दीवानापन नहीं तो और क्या है ये 'दिल-ए-पगल'
कभी पतझड़ में खिल उठना, कभी सावन में कुम्हलाना।

क़यामत से न धमकाओ हमें *के हम ने देखा है
हुजूम-ए-ना शनासां में, शनासा शक़्ल खो जाना।

ग़ज़ल होती नहीं जादूगरी बे शक़्ल लफ़्ज़ों की
ग़ज़ल है जज़्बा-ए-दिल को क़बा-ए-सौत पहनाना।

हमारा क्या है हम तो हर घड़ी मिलना तुम्हें चाहें
कभी हाँ दिल तुम्हारा ख़ुद कहे तो जान, आ जाना।

ख़ुदाओं की ये बस्ती है यहाँ इन्सां नहीं रहते
अगर बन पाये तो 'शहज़ाद' पागल दिल को समझाना।

शनासा : जान पहचान का
क़बाए सोत : आवाज़ का लिबास
हुजूमे नाशनासां : अजनबी लोगों की भीड़
*के : के हिन्दी का 'कि' मानकर पढ़ेंगे

○

और काँटों को लहू किसने पिलाया होगा
हम सा दीवाना चमन में कोई आया होगा

जुज़ हमारे, ऐ सुलगती हुई तन्हाई तुझे
ऐसे सीने से भला किसने लगाया होगा।

बे सबब कोई उलझता है भला कब किस से
तुम ने गुज़रा हुआ कल, याद दिलाया होगा।

इस कड़ी धूप में जो लोग सफ़र करते हैं
हो न हो उन पे किसी आस का साया होगा।

हिज्र के कर्ब से ख़ुद भर लिया दामन हमने
किसने पैमान-ए-वफ़ा ऐसे निभाया होगा।

कोई आया है न 'शहज़ाद' कोई आयेगा
वहम ने याद के पर्दों को हिलाया होगा।

O

कई सदियों से तूफ़ान-ए-बला कम ही नहीं लगता
प मेरे हौसलों का सर है जो ख़म ही नहीं लगता।

मेरे एहसास के सीने पे कितने ज़ख़्म ऐसे हैं
*के जिन पर वक़्त हो या प्यार, मरहम ही नहीं लगता।

उसे खोए हुए इक उम्र होने आयी है लेकिन
क़यामत से अभी तक दर्द-ए-दिल कम ही नहीं लगता।

हटा कर आँख आइने से जब से दहर को देखा
क़सम है अपने ग़म की, अपना ग़म ग़म ही नहीं लगता।

जो रोज़-ए-अव्वलीं नाइब ख़ुदा का बन के आया था
वो सब कुछ और तो लगता है, आदम ही नहीं लगता

दुखों की रूत ने यूँ घेरा हुआ है शहर को मेरे
के अब घर घर में है जो आम, मातम ही नहीं लगता।

भरी दुनिया में तन्हाई भी इस दरजा अकेली है
के जुज़ 'शहज़ाद' उस को कोई हमदम ही नहीं लगता।

रोज़े अव्वलीं : दुनिया जब शुरू हुई
नाइब : सहायक, ख़लीफा
*के : के हिन्दी का 'कि' मानकर पढ़ेंगे

दहर : दुनिया
हमदम : दोस्त

O

खुशियों के लिए अफ़सुरदा हैं, शहज़ाद मियाँ दीवाने हैं
अब कौन उन्हें ये समझाए दुख सुख तो आने जाने हैं।

जीवन के दहकते सहरा में इक उम्र भटकने का हासिल
यादों की चन्द बरातें हैं, कुछ सोच के ताने बाने हैं।

अंजाम-ए-सफ़र से कुछ पहले ये राज़ खुला के हम अब तक
जिन राहों पर थे महव-ए-सफर, मंज़िल उन की वीराने हैं।

"क़ा"

दिल जीने से बेज़ार सही हम फिर भी ज़िन्दा हैं *के अभी
हर चन्द सरापा ज़ख़्म हैं पर कुछ काम हमें निमटाने हैं।

कुछ खून रगों में है अब तक जिस से एक शक्ल सजानी है।
अपने सुलझावे उलझा कर कुछ उलझावे सुलझाने हैं।

अफ़सुरदा : उदास, परेशान
"क़ा" : नीचे के दो शेर कता बन्द कहलायेंगे
*के : के हिन्दी का 'कि' मानकर पढ़ेंगे

बेज़ार : ऊब गया
निमटाने : पूरा करना

हम लाख इसे समझाते हैं, कम्बख़्त ये दिल सुनता ही नहीं
जब अपने, अपने बन न सके, बेगाने तो बेगाने हैं।

हर ज़ख़्म मुहब्बत से ले कर यूँ सीने में रख लेता हूँ
गोया इन सारे तोहफ़ों से दिल के घर बार सजाने हैं।

'शहज़ाद' बदन का क़ैदी है तू तेरा मेरा क्या रिश्ता
मैं मुफ़लिस भी क़ल्लाश भी हूँ तेरी जागीर ज़माने हैं।

मुफ़लिस : गरीब
क़ल्लाश : कंगाल

○

जुस्तजू में उस की क्या दश्त-ओ-समन्दर देखिये
एक दिन हो पाये तो ख़ुद अपने अन्दर देखिये।

रौशनी देना ज़माने को कोई आसाँ नहीं
डूब जाता है लहू में महर-ए-ख़ुदसर देखिये।

एक पल में ज़िन्दगी मेरी समझने के लिए
सर्दियों की चान्दनी रातों में बाहर देखिये।

रहज़नी पर क्यों उतर आये हैं रहबर, सोचिये
बाम-ओ-दर के हाथ फिर से लुट गया घर देखिये।

छोड़ कर इल्ज़ाम धरना एक दूजे पर मियाँ
झाँक कर अपने गिरेबानों के अन्दर देखिये।

अब भी यारो वक़्त है अब भी संभल सकते हैं हम
शर्त बस ये है हुसैनी बन के लश्कर देखिये।

एक लम्हे में मन-ओ-तू की निमट जायेगी बहस
आप से 'शहज़ाद' बाहर तो निकल कर देखिये।

मेहर-ए-खुदसर : ज़िद्दी सूरज
मन-ओ-तू : मैं और तू

○

कली यूँ दिल की कुम्हलाई नहीं है
*के वो पत्थर है, हरजाई नहीं है।

तड़प कर रह गयीं सीने में लहरें
शिकन माथे तलक आयी नहीं है।

मेरी आँखो, तुम्ही कह दो कहानी
मेरे लफ़्ज़ों में गोयाई नहीं है।

मैं अपने क़त्ल का नाज़िर हूँ खुद भी
ज़माना ही तमाशाई नहीं है।

अज़ल से दुश्मनी है ज़ुल्मतों से
उजालों से शनासाई नहीं है।

डुबो पाये मेरी तिश्नालबी को
समन्दर में वो गहराई नहीं है।

गोयाई : बोलने की ताकत
नाज़िर : देखने वाला
अज़ल : दुनिया का पहला दिन, हमेशा से
ज़ुल्मत : अँधेरा
शनासा : जाना पहचाना

तमन्नाएँ खड़ी हैं हाथ जोड़े
मगर अब दिल तमन्नाई नहीं है।

अजब मुश्किल में हैं अब शहर वाले
उजाले तो हैं बीनाई नहीं है।

जिसे 'शहज़ाद' कहता था ज़माना
जहाँ में अब वो सौदाई नहीं है।

बीनाई : देखने की ताक़त
*के : के हिन्दी का 'कि' मानकर पढ़ेंगे

○

दर्द को बे लिबास रहने दे
बे क़रारी उदास रहने दे।

मेरी आँखों में रौशनी की तलब
मेरे होंठों पे प्यास रहने दे।

सुबह दम चैन दिल का ले जाना
रात भर मेरे पास रहने दे।

तू मसीहा सही, मगर मेरे
दर्द को नासपास रहने दे।

खो गया है तो मिल भी जायेगा
उस को पाने की आस रहने दे।

नासपास : ना-शुक्रा

O

ज़िन्दगी पुर बहार कर लीजे
आप भी हम से प्यार कर लीजे।

ज़ाएक़ा कुछ ज़बान का बदले
प्यार काँटों से यार कर लीजे।

लुत्फ़ गर ज़िन्दगी का लेना हो
दिल ज़रा बेक़रार कर लीजे।

आज़माने का वक़्त है किस को
यार पर ऐतबार कर लीजे।

मुन्तज़िर हैं नये अलम 'शहज़ाद'
मुस्कुराना शआर कर लीजे।

अलम : दुख
शआर : आदत

○

रस्ता है कठिन, धूप भी सहरा में कड़ी है
हिम्मत, 'प' कमर बाँध के तैयार खड़ी है।

अब आग का दरिया हो मुक़ाबिल *के क़यामत
तुम साथ हो, दिल को ये तसल्ली ही बड़ी है।

अब क्या ये सितम ढ़ाये के मैं हौसला खोऊँ
मुश्किल है के मुश्किल में अजब आन पड़ी है!

जी हार के पसपाई पे राग़िब न तू होना
ऐ मौज-ए-हवादिस *के अभी उम्र पड़ी है।

अन्जाम तो 'शहज़ाद' जो होना है सो होगा
आग़ाज़ के हाथों में तो फूलों की लड़ी है।

मौज-ए-हवादिस : हादसों की लहरय
राग़िब : ख्वाहिश मन्द, आकर्षित होना
*के : के हिन्दी का 'कि' मानकर पढ़ेंगे
पसपाई : हार माननाय
मुक़ाबिल : सामने होना
हवादिस : हादसे

O

आज तन्हा न कर उदास है दिल
ऐ मेरे हमसफ़र उदास है दिल।

याद-ए-माज़ी, न खून कर सीना
चुटकियाँ सी न भर उदास है दिल।

डस रहा है 'अज़ाब-ए-खामोशी'
बात कर चारागर उदास है दिल।

रौशनी कौन, क्या हैं अँधियारे
कुछ नहीं है ख़बर, उदास है दिल।

शेर लिखवा के बोझ हलका हो
ऐ ख़ुदा-ए-हुनर उदास है दिल।

तुम भी 'शहज़ाद' जी, मुनाफ़िक़ हो
होंठ खुश हैं मगर उदास है दिल।

चारागर : इलाज करने वाला
मुनाफिक़ : रियाकार, पाखंडी
आज़ाब-ए-खामोशी : खामोशी की तकलीफ

○

हासिल-ए-उम्र इक नज़र ही सही
ज़िन्दगी इतनी मुख़्तसर ही सही।

ज़िन्दगी नज़्र-ए-जाम कर डालो!
ये मफ़र है तो फिर मफ़र ही सही।

कौन अब राज़दाँ तलाश करे
अपने दुख अपनी जान पर ही सही।

सब जो कहते हैं ठीक ही होगा
ये बियाबान मेरा घर ही सही।

बैठना है तेरे क़रीब हमें
तेरा पहलू नहीं तो दर ही सही।

उसकी आँखों मे डूब तो देखा
लाख अन्जाम चश्म-ए-तर ही सही

उस से 'शहज़ाद' हाल-ए-दिल न कहो
वो ग़म-ए-दिल से बे ख़बर ही सही।

मफ़र : फरार, बचना
राज़दाँ : confidante (जिससे राज़ साझा किया जा सके)

○

पत्थर को ज़िन्दगी का निशां मानते रहे
रेग-ए-रवाँ को हमसफ़राँ मानते रहे।

बिखरा हुआ वजूद समेटा तो ये खुला
हम आज तक खंडर को मकां मानते रहे।

बातों में आ के इस दिल-ए-ख़ाना ख़राब की
इक उम्र तुझ को हासिल-ए-जां मानते रहे।

हाए री खुद फ़रेब तबीयत कि उम्र भर
हम क़ातिलों को चारागरां मानते रहे।

महरूमियों की हद भी तो होगी ये सोच कर
हर ज़ख़्म को नक़ीब-ए-अमां मानते रहे।

नक़ीब-ए-अमां : अमन की खबर देने वाला
खुद फ़रेब : अपने साथ धोखा करना
चारागरां : ठीक करने वाला, इलाज करने वाला
हमसफ़राँ : साथ सफ़र करने वाले
रेग-ए-रवाँ : उड़ती हुई रेत
खंडर : खण्डहर
नक़ीब : ख़बर देने वाला

○

खुला आख़िर के वो मुझ में निहाँ था
मैं जिस की खोज में नज़्र-ए-बुतां था।

जिसे पीकर मैं तिश्ना रह गया हूँ
समन्दर का वो आँसू हुकमराँ था।

कहाँ हूँ अब, ज़रा ये तो समझ लो
बताऊँ क्या के मैं अब तक कहाँ था।

बहुत मुबहम, खुले आकाश जैसा
मेरा हर शेर मेरा तर्जुमा था।

मैं तुझ को आज भी कब देख पाया
*के मेरी आँख में कल का धुआँ था।

धड़कता था मेरे सीने में हर पल
वो यूँ कहने को गरचे ला मकां था।

मैं ये 'शहज़ाद' को कैसे बताता
कि उस का सूद ही उस का ज़ियाँ था।

निहाँ : छुपा हुआ मुबहम : धुँधला सूद : फाएदा
ज़ियाँ : नुकसान तिश्ना : प्यासा तर्जुमा : प्रतिनिधी
*के : हिन्दी का 'कि' मानकर पढ़ें

○

हाथ पकड़ कर महफ़िल में ले तो आया है खुद सर दिल
देखें अब क्या हाल करे है उस से नैन मिला कर दिल।

शाम से बैठा सोच रहा हूँ दर्द सुनाऊँ अब किस को
तन्हा छोड़ गया है मुझ को साथ किसी का पाकर दिल

ये सब उनकी बातें हैं जो दिल दुख दर्द से ख़ाली है
किस दिल से दुख देगा दिल को, गर हो दर्द शनावर दिल।

सहरा, वहशत, सन्नाटा, आवारा बादल, तन्हाई
साथ लिए फिरता है अपने यारों का एक लश्कर दिल।

तुम ही कहो कि शब ढलने पर क्यों न फ़सुर्दा हो जाये
दिन के उजाले में सोचो तो, जाये कहाँ ये बेघर दिल।

हिज्र के नौहों की महकूमी फिर उसकी तक़दीर हुई
राज चलाने निकला था एक वस्ल की रूत के दिल पर दिल।

ऐसा प्यार कभी हमने अब तक तो कहीं देखा ना सुना
वो है मौसम फूलों वाला और सहरा का दिलबर दिल

महकूमी : गुलामी
फ़सुर्दा : उदास
वहशत : जुनून, पागलपन
दर्द-शनावर : दर्द समझने वाला
नौहों : किसी की दुख का ब्यान शायरी में

○

दिल में रहता है एक डर अब भी
जाने क्या देख ले नज़र अब भी।

लौट कर मैं कभी न जाऊँगा
सोचता रहता हूँ मगर अब भी।

रात काफी गुज़र चुकी लेकिन...
दूर उतनी ही है सहर अब भी।

मैं उसे फिर मिलूँगा, हँसते हुए
मुझको आता है ये हुनर अब भी।

हम सफ़र आ मिले हैं मंज़िल से
दिल को दरपेश है सफ़र अब भी।

मैं जिसे बन्द करके आया था
मुन्तज़िर है मेरा वो दर अब भी।

अब भी होते हैं शेर जलते हुए
नज़्र-ए-आतिश है दिल नगर अब भी।

जान-ए-'शहज़ाद' हम दिवानों पर
मेहरबां हैं कई भँवर अब भी।

दरपेश : सामने
नज़्र-ए-आतिश : आग के हवाले

O

दर्द बढ़ जाये तो तन्हाई में रो धो आना
बज़्म-ए-अहबाब में, चेहरा हो कंवल तो आना।

जिस को प्यारा हो भरम अपनी अना का, सुनले
आज गर घर से निकलना तो उसे रो आना।

अपनी धड़कन से ख़बर सुन के मेरे लुटने की
हाए, उन झील सी आँखों का ख़बर को आना।

जाने ये वक़्त वो दिन रात कहाँ खो आया
उस का आ जाना किसी शाम मिरा हो आना।

मुन्तज़िर कोई नहीं, कोई नहीं, कोई नहीं
फिर भी 'शहज़ाद' किसी रोज़ वतन हो आना।

बज़्म-ए-अहबाब : दोस्तों की महफ़िल
कंवल : कमल का फूल
हबीब : दोस्त
अहबाब : बहुत सारे दोस्त

○

जुर्म, 'सच गोई', सज़ा, ज़हर का प्याला पीना
हम से आशुफ़्ता मिज़ाजों का कठिन है जीना।

रौशनी के लिए ऐ जान लड़ाने वालो!
किस को दिखलाओगे क्या, शहर तो है नाबीना।

तुम तो बुनियाद थे उस ख़्वाब नगर की जानां
तुमने भी वक़्त से तजदीद-ए-वफ़ा करली ना!

उँगलियाँ फेरना बालों में मेरे देर तलक
उन दिनों मुझ से तुम्हें कितनी मुहब्बत थी ना!

किस को है याद के कब, कौन, कहाँ बिछड़ा है
जब से सीखा है दीवानों ने गिरेबाँ सीना।

सचगोई : सच बोलना
तजदीद : नये सिरे से (Renewal)
आशुफ़्ता : दीवाना
नाबिना : अन्धा

○

मेरे चमन पे है एक बार फिर ख़िज़ां छाई
अता हो फिर मुझे यारब वोही मसीहाई।

शबे फिराक़ ने हस्सास कर दिया इतना
तेरा ख़्याल ही आया था, आँख भर आयी।

मेरे जुनून-ए-इबादत की यादगार है ये
बोहत अज़ीज़ है मुझ को ये मेरी तन्हाई।

मुझे ख़िज़ां से भला किस लिए शिकायत हो
मेरे चमन पे बहारों ने आग बरसाई।

नज़र नज़र में मेरे वास्ते अक़ीदत है
ये किस मुक़ाम पे ले आयी मुझ को रूसवाई।

तुम्हारा हुस्न मेरे प्यार की इनायत है
मेरे जुनून ने बख़्शी है तुमको रानाई।

सियाह रात से 'शहज़ाद क्यों' है रंजीदा
वो देख दूर किरन रौशनी की लहराई।

अक़ीदत : एहतराम, लगाव   अता : बख़्शीश   फिराक़ : जुदाई
इनायत : मेहरबानी   रानाई : हुस्न
हस्सास : (Sensitive)   ख़िज़ा : पतझड़

O

इक नई तर्ज़ पे तश्कील-ए-शब-ओ-रोज़ करें
ज़िन्दगी आ कि तेरी माँग में सिन्दूर भरें।

ज़र्द क्यों हैं तेरे रूख़सार ऐ जान-ए-शायर
आ के हम दिल के लहू से इन्हें गुलनार करें।

तेरा तरकश भी है ख़ाली मेरे पहलू की तरह
क्या भला तुझसे फिर ऐ गरदिश-ए-ऐय्याम डरें।

हाए उन शोख़ निगाहों का वो उठकर झुकना
देख पायें जो फ़रिश्ते भी तो सौ बार मरें।

उस का सर होता था हर शाम तेरे शाने पर
आ कहीं बैठ के 'शहज़ाद' वो दिन याद करें।

तश्कील : बनाना
गरदिश करना : घूमना
गुलनार : सुर्ख़
गरदिश-ए-अय्याम : ज़िन्दगी के उतार चढ़ाव
अय्याम : दिन

○

अगर मैं ख़ुद से गुज़र भी गया तो क्या होगा
ऐ शाम-ए-हिज्र, मैं मर भी गया तो क्या होगा।

मेरे अलम पे कहाँ, 'कौन आँख' पुरनम है
हूँ मुश्त-ए-ख़ाक, बिखर भी गया तो क्या होगा।

तेरी नज़र में समाया रहा तो क्या पाया
तेरी नज़र से उतर भी गया तो क्या होगा।

उजड़ गया तो किसे फिक्र है के क्यूँ उजड़ा
ज़हे नसीब, संवर भी गया तो क्या होगा।

ज़रा सी उम्र में जाने गँवा दिया क्या क्या
जो आज मुझ से ये दर भी गया तो क्या होगा।

तू बेवफ़ा न सही मैं ही बेवफ़ा हूँगा
ये दोष गर मेरे सर भी गया तो क्या होगा।

ये रंज-ओ-दर्द-ओ-मसाइब का तेज़ रौ दरिया
मुझे डुबो के उतर भी गया तो क्या होगा।

मुश्त-ए-ख़ाक : मुटठी भर मिटटी
ज़हे नसीब : खुश नसीबी से
मसाइब : मूसीबतें

○

आख़िर क्यों ऐ दिल वो तुझ से मिलने आये शाम ढले
वादे की औक़ात ही क्या है जो वो निभाए शाम ढले।

भटक रहे हैं सुब्ह से जब, तो रात भी सड़कों पर ही सही
कौन भला अब सूने घर को लौट के जाये शाम ढले।

सौत की इक ज़ंजीर जकड़ लेती है दर्द के शोलों को
जब भी दिल का मारा कोई गीत सुनाए शाम ढले।

जश्न-ए-चराग़ाँ क़ैद रहेगा कब तक आख़िर महलों में
टूटी क़ब्रों पर भी कोई दीप जलाए शाम ढले।

दिन तो जिस से तिस से मिलते कट ही जाता है आख़िर
दिल को लेकिन एक अनोखा दर्द सताए शाम ढले।

देखें अब वहशत के किस सहरा में उम्र गुज़रती है।
हिज्र तेरा फिर पैरों की ज़ंजीर हिलाए शाम ढले।

ऐसी तन्हाई, *के आवाज़ों को सौत तरसती है
याद ही कोई, ख़्वाबों की चिलमन को हिलाए शाम ढले।

मान कभी तो रख तू भी 'शहज़ाद दिवाने' का या रब
ढूँढ़ने उस को वो भी इक दिन दश्त में आये शाम ढले।

जश्न-ए-चरागां : चरागों का जलसा
जिस से तिस से : किसी से भी
*के : के हिन्दी का 'कि' मानकर पढ़ेंगे
सौत : आवाज़
चिलमन : पर्दा
दश्त : रेगिस्तान

○

मुझे सिमटना पड़ा बेशुमार चेहरों में
कि आईना मेरा बिखरा हुआ था टुकड़ों में।

सजे हैं ख़्वाब तेरी डब डबाई आँखों में
गुलाब तैरते हों जैसे आबगीनों में।

क़दम क़दम वो मेरे साथ ही रहा हरदम
मैं जिस को ढूँढ़ता फिरता था सुब्हों शामों में

ख़ुदा की शान वोही पार आ लगा इक दिन
वो संग जिस को उछाला गया था लहरों में

तुम्हारा प्यार रहा साथ रौशनी बन कर
अँधेरा घुप था वगरना वफ़ा की राहों में

वो इस बरस मुझे गाँव में भी न मिल पाया
सुकून-ए-दिल जिसे खोया था मैने शहरों में।

मैं टूट टूट गया, यूँ ख़राश तक न लगी
अजीब काट थी तन्हाईयों की बातों में।

आबगीनों : पानी से भरे प्याले   वोही : हिन्दी का वही
ख़राश : रगड़, चोट

○

कट रहा है अज़ाब लम्हों का
वक़्त है इक सराब लम्हों का।

ज़िन्दगी, आबलों की नक़्क़ाशी
सांस लेना है ख़्वाब लमहों का।

लिख रहा हूँ 'अज़ाब धुन' में ग़ज़ल
बज रहा है रबाब लम्हों का।

कौन बैठा सुनेगा बाद मेरे
क़िस्सा-ए-लाजवाब लम्हों का।

जान-ए-'शहज़ाद' शायरी तेरी
अक्स है बेनक़ाब लम्हों का।

रबाब : साज़ नक़्क़ाशी : नकश बनाना
अक्स : परछाई

○

अब चाहे शहज़ाद हमारी गर्दन इसके साथ कटे
ऐसी कुछ तदबीर करो तुम सदियों की ये रात कटे।

ज़ख़्मी माज़ी, हाल शिकस्ता, धुँधला धुँधला मुस्तक़बिल
तुम ही कहो इस आलम में किस तरह भला बरसात कटे।

ईसा और हुसैन तो चलिए 'सच गोई' के मुजरिम थे।
आओ उनकी बात करें जो सर जानाँ बे बात कटे।

कुछ तो सोच दिले नादाँ, इक हद होती है वहशत की
जब से तूने प्यार किया है सहरा में हर रात कटे।

जिन में तुम थे और न तुम से मिलने की उम्मीदें थीं।
अब जान-ए-'शहज़ाद' न पूछो कैसे वो दिन रात कटे।

तदबीर : चसंद

○

उजड़े हुए दिलों का फ़साना सुनाएँ क्या
हम तो लहू लहू हैं तुम्हें भी रूलाएँ क्या!

अब बाज़गश्त भी नहीं आती जवाब में
किस आस पर पुकारें भला, दें सदाएँ क्या!

जब डूबना ही ठहरा समन्दर में वक़्त के
टूटी हुई उम्मीद से कश्ती बनाएँ क्या!

बेदार करना सोए हुओं को तो फ़र्ज़ है
लेकिन जो जागते हों हम उनको जगाएँ क्या!

हमने जिगर के खून से लिखी है ये ग़ज़ल
खुश बाश दोस्तों को ग़ज़ल ये सुनाएँ क्या!

तुझ से भी माँगनी ही पड़े बेख़ुदी अगर
फिर नश्शा-ए-शराब, तेरे गीत गाएँ क्या!

'शहज़ाद' घुल गयी है उजालों में तीरगी
तारीक रौशनी के लिए दिल जलाएँ क्या!

बाज़गश्त : echo
तीरगी : अँधेरा, सयाही
बेदार : जगाना
खुश बाश : खुश रहने बाला
तारीक : अँधेरा

○

ज़ख़्म कोई तो आख़िर को मुँह खोलेगा
कब तक मन में सन्नाटा ही बोलेगा।

इक दिन 'ख़्वाब निगारी' का ये शौक़ मिरा
दिल के खून में अपने हाथ डुबो लेगा।

शहर में जब सब आँखें ख़ाली ठहरेंगी
कैसे कोई दिल का हाल टटोले गा।

कब सोचा था मैंने 'दश्त मुसाफ़त' में
साथ मेरे तुझ जैसा गुलरूख़ हो लेगा।

आज तो लफ़्फ़ाज़ी फ़नकार बना देगी
कल नक़्क़ाद मगर अफ़कार को तोलेगा।

जितना ज़ोर से हो पाये हँस लो 'शहज़ाद'
अच्छा है इस आड़ में दिल, ख़ूँ रो लेगा।

दश्त मुसाफ़त : सहरा का सफ़र | नक़्क़ाद : समीक्षक | अफ़्कार : फ़िक्र
ख़्वाब निगारी : सपना बनाना | गुल : फूल | मुसाफ़त : सफर
गुलरूख़ : जिसका चेहरा फूल की तरह खूबसूरत हो | रु : चेहरा

○

धड़कनों में वो दिल की बसते हैं
जिन के हम क़ुर्ब को तरसते हैं।

नींद कैसे बसाएँ आँखों में
इन मकानों में ख़्वाब बसते हैं।

दिल किसी का किसी ने तोड़ा है
यूँ ही बादल कहाँ बरसते हैं।

खून-ए-शहरग पे जिनको पाला था
आज वो ख़्वाब ही तो डसते हैं।

बिक रहे हैं हमारे दौर में सब
और ख़ुदा, आदमी से सस्ते हैं।

क़ुर्ब : पास, दोस्ती
शहरग : जिस्म की सबसे एहम रग (Jugular vein)

○

बिन तेरे रूप मेरे फ़न का निखरता ही नहीं
तुझसे ऐ शामे-अलम दिल मेरा भरता ही नहीं।

ऐसा बेबाक, निडर दुख, कहीं देखा न सुना
जुज़ मुसर्रत ये किसी रंज से डरता ही नहीं।

रात से रात जन्म लेती है मेरे घर में
कोई सूरज मेरी बस्ती में उभरता ही नहीं।

मैं उसे ख़ुद से जुदा यूँ नहीं होने देता
रूठ कर मुझ से ग़म-ए-यार संवरता ही नहीं।

जिस से अख़्लास की मौहूम महक आती हो
बात इस शहर में ऐसी कोई करता ही नहीं।

अख़लास : ख़ुलूस, मेल-मिलाप, खरापन
शाम-ए-अलम : दुखों की शाम
मौहूम : बहुत कम, हल्की सी
मुसर्रत : ख़ुशी

○

खिला गुलाब था चेहरा बदन सुमन जैसा
हमारा प्यार था गुलरूत के बांकपन जैसा।

सजाई है तिरी यादों ने इस तरह महफ़िल
*के पल जुदाई का लगता है दिन मिलन जैसा!

बहार उतरी है गोया के मेरे सीने में
हैं ज़ख़्म ऐसे के लगता है दिल चमन जैसा।

मये ख़राब ने कब की तेरी कमी पूरी
कहाँ से लाऊँ उजाला तेरे बदन जैसा।

जो अपने देस में 'शहज़ाद' अजनबी ठहरे
दयार-ए-ग़ैर लगे है उसे वतन जैसा!

सुमन : चमेली, फूल
*के : के हिन्दी का 'कि' मानकर पढ़ेंगे

मये ख़राब : ख़राब शराब
दयारे ग़ैर : अंजान शहर

○

फिर दश्त-ए-दिल में ढूँढ़ने निकला हूँ खुद को मैं
शायद, मैं वो नहीं जो समझता हूँ खुद को मैं।

देखें नसीब आज के मंसूर का है क्या
अपने हुज़ूर ले के तो आया हूँ ख़ुद को मैं।

दावा ख़ुदाई का न मुझे था, ना है, मगर
रब्ब-ए-जहाँ से कम नहीं लिखता हूँ, ख़ुद को मैं।

अश्आर, मरसिया ये किसी और का नहीं!
ग़ज़लों में अपनी बैठ के रोया हूँ ख़ुद को मैं।

वजह-ए-शिकस्त-ए-साज़, बजुज़ साज़, कुछ नहीं
कहने को यूँ तो जान से प्यारा हूँ ख़ुद को मैं।

मंसूर : एक सूफी का नाम है
मरसिया : वो नज़्म जिसमें मरने वाले का ज़िक्र हो
बजुज़ : अलावा, सिवाए
शिकस्तेसाज़ : टूटा साज़

○

यह कहती हैं उम्मीदें 'दिल नगर' से
मुसाफ़िर लौट आयेगा सफ़र से।

नशे में ग़र्क़ होकर भी वो चुप है
के जैसे आज ख़त आया हो घर से।

समन्दर पर बरस कर फ़ख़्र कैसा
वो बादल है तो फिर सहरा पे बरसे।

ये दिल नगरी है इस में याद रखना
दुआएँ छुपती फिरती हैं असर से।

वो प्यासा किन लबों की दे दुहाई
जो दरिया में रहे, पानी को तरसे।

ग़र्क़ : डूबना
फ़ख़्र : गर्व

○

उलझ न जाये तबीयत ये ज़िक्र रहने दो
किसे है किस से मुहब्बत, ये ज़िक्र रहने दो।

सफ़र तमाम अकेले ही हम ने काट दिया
यह क़हर था कि इनायत, ये ज़िक्र रहने दो।

मैं उस को दूध पिलाऊँ, वो मुझ को डसता रहे
के अपनी अपनी है फ़ितरत, यह ज़िक्र रहने दो।

अज़ीज़ क्यों है मुझे खुद से बढ़ के तन्हाई
है किस से हिज्र को निस्बत, ये ज़िक्र रहने दो।

सफ़र में साथ रहा वो के हमसफ़र भी न था
था इत्तेफाक़ कि क़िस्मत, यह ज़िक्र रहने दो।

जो हो सके तो जुनून-ए-सफ़र की बात करो
है कितनी धूप में हिद्दत ये ज़िक्र रहने दो।

क़हर : आफत — इनायत : मेहरबानी
फ़ितरत : आदत, स्वभाव — अज़ीज़ : प्यारा, पसन्दीदा
निस्बत : सम्बन्ध/ताल्लुक — हिद्दत : गर्मी की तेजी

सियाह-ओ-सर्द थी कितनी शब-ए-फ़िराक़-ए-उम्मीद
ठिठर न जाये समाअत, ये ज़िक्र रहने दो।

लुटा है दिल का नगर किस के हाथ से 'शहज़ाद'
झुकाए सर है नदामत, ये ज़िक्र रहने दो।

शब-ए-फ़िराक़-ए-उम्मीद : वो रात जिसमे उम्मीद तक जुदा थी
समाअत : सुनने की ताकत नदामत : शर्मिन्दगी

○

हँसती गाती तस्वीरों से क्या होगा
ख़्वाब नहीं तो ताबीरों से क्या होगा।

सांस का पंछी तो पिंजरे को तोड़ गया
जिस्म की अब इन ज़न्जीरों से क्या होगा।

उससे कहो कि शहरग से नज़दीक है वो
तावीज़ों से या पीरों से क्या होगा।

तक़दीरों में साथ ज़रूरी है जानां
सिर्फ़ हमारी तदबीरों से क्या होगा।

हम तो हैं मक़्तूल किसी की आँखों के
इन तलवारों और, तीरों से क्या होगा।

जो मेरे ज़ाहिर की चमक दिलवाए मुझे
यारो, ऐसी तौक़ीरों से क्या होगा।

मकतूल : कत्ल होने वाला तदबीर :-आयोजन
तौक़ीर : इज़्ज़त

○

सहरा सहरा वहशत मेरी, गुलशन गुलशन तेरा प्यार
सहमी सहमी हर इक धड़कन, खोए खोए से अफ़कार।

दिल का कहना मान के जानां देख न इतनी क़समें खा।
कल तू खुद शर्मिन्दा होगी जब ये सब होंगी बेकार।

किन पैरों को बोसा देने रोज़ तू इतना झुकता है
कौन छुपा है प्यारे सूरज, आज बता हम को, उस पार!

अब के बरस तो देस में अपने हम परदेसी ठहरे हैं
कैसे बताएँ उन आँखों ने कैसे देखा है इस बार।

आड़ी तिरछी चन्द लकीरें, टूटे बिखरे से कुछ ख़्वाब
दुनिया के इस खेल में यारो बस ये है अपना किरदार।

बोसा : चूमना
अफ़कार : Plural of फ़िक्र, सोचना

○

तीरगी के असीर हो जाओ
आओ 'शहज़ाद' तुम भी सो जाओ।

कुछ न बोलो के मस्लिहत है यही
खोज में क्या धरा है, खो जाओ।

शोख़ आँखों पे तुम भी शेर कहो
नर्म बाहों में तुम भी सो जाओ।

कब तलक ढूँढ़ते फिरोगे उसे
जो मिले अब उसी के हो जाओ।

पारसाई सराब है यारो
आओ, खेलो, हँसो, बसो, जाओ।

रोज़-ओ-शब यूँ ही आयें जायेंगे
लाख तुम जाँ से हाथ धो जाओ।

असीर : क़ैदी, गिरफ़्तार
सराब : धोका, मारीचिका
मसलेहत : मुनासिब, समय के अनुसार
पारसाई : इबादत, उच्च नैतिक मूल्यों की, अच्छे नैतिक चरित्र वाले

○

उस का ही कुछ दोष नहीं था
दिल को भी तो होश नहीं था।

बैठ गयी आवाज़ ही वरना
कौन हमातन गोश नहीं था।

सुनने वाले शाहिद हैं ये
सन्नाटा ख़ामोश नहीं था।

बात तो उस से कल भी हुई थी
हाँ, पहला सा जोश नहीं था।

अब 'शहज़ाद' हुआ है जितना
इतना अज़िय्यत कोश नहीं था।

हमातन गोश : पूरे ध्यान से सुनना — हमा : मुकम्मल
तन : जिस्म — गोश : कान
अज़िय्यत कोश : तक़लीफ उठाने वाला — शाहिद : गवाह

O

वोही पुरानी बात है लेकिन नयी नवेली लगती है
तुम क्या मेरे साथ हुए हो दुनिया मेरी लगती है।

गुल रूत ने महका कर कलियाँ हर सू ख़ुशबू फैला दी
वज्द में आज चमन की मुझ को डाली डाली लगती है।

नाच रही हैं ख़ुशियाँ हर सू घुँघरू बाँधे पैरों में
आज दुल्हन उम्मीदों की 'दिल घर' में उतरी लगती है।

रंगों की बरसात हुई है, गोया मेरे आँगन में
चाँदी जैसी 'चाँद किरन' भी धनक नहाई लगती है।

ख़्वाब सजाए आँखों में हम ताबीरों से डरते थे
आज मगर ताबीर की देवी, राम हुई सी लगती है।

दुनिया में 'शहज़ाद' की जानां, तुम हो चाँद मुहब्बत का
अब हर शब इस दिल नगरी में पूरन माशी लगती है

वज्द : खुशी में झूमना
गोया : जैसे
वोही : वही
हर सू : हर तरफ
ताबीर : एक सपने की व्याख्या
राम होना : मेहरबान होना

○

खु़दा चुप है 'खु़दागर' बोलते हैं
सुनो, मस्जिद में आज़र बोलते हैं।

झुकाए सर खड़े हैं ज़ुल्म सारे
चढ़े नेज़ों पे कुछ सर बोलते हैं।

जुदा होते हुए ये याद रखना
के पत्थर चोट खाकर बोलते हैं।

अगरचे सी दिये लब मस्लिहत ने
पर उस लड़की के तेवर बोलते हैं।

सुनाई कुछ नहीं देता किसी को
अगरचे सारे मंज़र बोलते हैं।

शराब-ए-तल्ख़ में पोशीदा नश्तर
मेरे ख़ूँ में उतर कर बोलते हैं।

बोहत से लफ़्ज़ जो गुम सुम पड़े थे
मेरी ग़ज़लें पहन कर बोलते हैं।

खुदागर : खुदा बनाने वाले पोशीदा : छुपा हुआ बोहत : बहुत
आज़र : (Prophet Abraham's father who made idols)

○

मेरे मिज़ाज की आवारगी पे मरती है।
मैं क्या बताऊँ वो कितनी अजीब लड़की है।

उसे ख़बर है मैं कह कर कभी नही आता
मगर वो फिर भी मेरा इन्तज़ार करती है।

हसीन ऐसी के सोचूँ तो जगमगाए ज़ेहन
जो देख लूँ तो शराबी नज़र ठहरती है।

मेरी रगों में लहू बन के दौड़ने वाली
जो ज़िन्दगी है, हक़ीक़त में वो उसी की है।

ये जान कर भी कि अक्सर मैं झूट बोलता हूँ
वो हर्फ़ हर्फ़ मेरा ऐतबार करती है।

तू खुश नसीब है 'शहज़ाद' के वो तुझ जैसे
दीवाने, शायर-ए-बदनाम की दीवानी है।

ज़ेहन : consciousness

○

शाम तन्हाई बे सहारा दिल
क्यों न हो ग़र्क़-ए-मय, अकेला दिल।

हाथ फिर कूफ़ियों ने छोड़ दिया
फिर सरे करबला है तन्हा दिल।

मिल के ख़ुशियों ने तोड़ फोड़ दिया
कब था दुख से बिखरने वाला दिल।

उसकी आँखों को देख कर सोचा
काश सीने में आज होता दिल।

हम शिकायत भी उस से कर न सके
इस सलीक़े से उस ने तोड़ा दिल।

आँख जिसकी लड़ी हो पत्थर से
खून क्योंकर न उसका होगा दिल।

यार 'शहज़ाद', तेरे शेरों ने
जीत आख़िर लिया है उस का दिल।

ग़र्केमय : शराब में डूबा हुआ

○

किसी तरह से जो धनवान हो गया है बोहत
अज़ीम बस वही इंसान हो गया है बोहत।

ज़रूरतें हुईं बुनियाद जब से रिश्तों की
'खुलूस-ओ-प्यार' का नुक़्सान हो गया है बोहत।

वो जिस का नाम था तस्कीन-ए-रूह-ओ-दिल, कल तक
दिल उस से मिल के परेशान हो गया है बोहत।

सफ़र तवील है, तन्हा हूँ, रास्ता है नया
फ़ज़ूल साथ में सामान हो गया है बोहत।

बिछड़ के मुझ से जो कहता था, जान दे देगा
वो मुझ को देख के अन्जान हो गया है बोहत।

मेरे भी दिल में तमन्ना रही न जीने की
उसे भी मौत का अरमान हो गया है बोहत।

सुना है मजमा-ए-बालिश्तियाँ है गिर्द उसके
और अपने क़द पे उसे मान हो गया है बोहत।

तस्कीन-ए-रूह-ओ-दिल : दिल और रूह के लिए चैन   अज़ीम : grand
मजमा-ए-बालिश्तियाँ : बौने लोगों का हुजूम   बोहत : बहुत

○

माना, वो कश्फ़-ए-ज़ात की हद से गुज़र गया
पर ये ख़बर ग़लत है के 'शहज़ाद' मर गया

सूरज ढ़ला नहीं है मेरे दोस्तो, सुनो
वो तीर बन के सीना-ए-शब में उतर गया

ये ठीक है के मेरी हर इक शै बिगड़ गयी
पर शाम-ए-हिज्र का तो मुक़द्दर संवर गया!

तेरा नहीं शराब, ये मेरा क़ुसूर है
कम ज़र्फ मैं था, और तुझे बदनाम कर गया।

हमराह उस के हिज्र था, तन्हाइयाँ भी थीं
ये झूट है कि आज वो तन्हा ही घर गया।

सीना-ए-शब : रात का सीना
कमज़र्फ : of lower calibre
ज़र्फ : capability
कश्फ़ : revelation
कश्फ-ए-ज़ात : अपनी हक़ीक़त खुद पर खुलना

○

दो झुकी आँखों का पहुँचा जब मेरे दिल को सलाम
यूँ लगा है, दोपहर में जैसे दर आयी हो शाम।

उस के होंठों का किया जब ज़िक्र मेरे शेर ने
हर समाअत के लबों से जा लगा लबरेज़ जाम।

जैसे सजदे में कोई गिर कर न उठे देर तक
यूँ गिरी आँखों पे पल्कें सुन के इक काफ़िर का नाम।

अब तो जी में है कि हर दुख पर लगाऊँ क़हक़हा!
हो गयी हैं शहर में आँसू भरी आँखें तो आम।

हर्फ़ जैसे हो गये सारे मुनाफ़िक़ एक दम
कौन से लफ़्ज़ों में समझाऊँ तुम्हें दिल का पयाम।

इस क़दर जल्दी भी क्या 'शहज़ाद' थी आख़िर, बता
क्या बिगड़ता, साथ गर तू और चलता चन्द गाम।

दर आयी : अन्दर घुस आना
समाअत : सुनने की ताकत
मुनाफ़िक : पाखंडी
हर्फ़ : letter, alphabet

○

सफ़र हयात का तमाम हिजरतों में बँट गया
वतन ज़मीन ही रही, मैं सरहदों में बँट गया।

हज़ार नाम थे मेरे मगर मैं सिर्फ़ एक था
न जाने कब मैं मस्जिदों में मन्दिरों में बट गया

विसाल-ओ-हिज्र का फुसूँ तो कब का टूट भी चुका
सपूत मेरे दौर का ज़रूरतों में बँट गया

ख़्याल तू है, ख़्वाब तू, सवाल तू जवाब तू
मैं तेरी खोज में निकल के रास्तों में बँट गया।

किसी तरह भी हो मैं उसके सांस में समा सकूँ
बिखर के इस ख़्याल से मैं ख़ुशबुओं में बँट गया।

मैं लख़्त लख़्त आदमी के दुख समेटता रहा
ख़ुदा जो मस्जिदों में था, नमाज़ियों में बँट गया।

सफ़र के आख़री क़दम पे ये खुला कि घर मेरा
बचा लिया था रहज़नों से, रहबरों में बँट गया।

लख़्त लख़्त : टुकड़ा टुकड़ा
रहबर : लीडर, रास्ता दिखाने वाला
विसाल-ओ-हिज्र का फुसूँ : मिलने और बिछड़ने का जादू
रहज़न : लूटने वाला
फुसूँ : जादू

○

जब घटा कोई टूट कर बरसे
दिल मेरा, तेरे लम्स को तरसे।

फिर तिरा नाम, शाम, तन्हाई
सहमी सहमी हैं धड़कनें डर से।

ज़िन्दगी, हार क्यों न दी जाये
यूँ, ये शायद बला टले, सर से।

हाल अन्दर का बस ख़ुदा जाने!
कितना रौशन है दीप बाहर से।

जान-ए-'शहज़ाद' बिन तेरे जीवन
बूँद जैसे जुदा समन्दर से।

लम्स : स्पर्श

○

ऐसा नहीं, के मुझको जुदाई का ग़म नहीं
लेकिन ये बात और, मेरी आँख नम नहीं।

मैं उम्र के सफ़र की हूँ तकमील पर खड़ा
मेरी कमर तो ख़म है मगर सर ये ख़म नहीं।

तेरे हुज़ूर लाए मुझे प्यार माँगने
इतना तो जान मेरी तेरे ग़म में दम नहीं।

तुम ज़िन्दगी हो, छोड़ ही जाओगी एक दिन
जीने के वास्ते ये मुझे मौत कम नहीं।

तन्हाई, ज़ख़्म, रंज-ओ-अलम सब ही साथ हैं
सोचो अगर तो इतने अकेले भी हम नहीं।

तकमील : पूरा करना
ख़म : झुकना, बल

○

जिन रस्तों पर गुल्ज़ार पड़ें मुझे उन की ज़रूरत ज़रा नहीं
अब मेरे बरहना पैरों को काँटों से शिकायत ज़रा नहीं।

ये कुछ भी नहीं, अफ़साना है, 'मन बालक' को बहलाना है
गिरजा में, मस्जिद, मन्दिर में, मेरी जान इबादत ज़रा नहीं।

तुम यूँही शर्मिन्दा हो कर चेहरे का कंवल मत कुम्हलाओ
ये सारी किताबी बातें हैं, शेरों में सदाक़त ज़रा नहीं।

इक लड़की थी, जो छोड़ गयी, जी 'दुख सहरा' से जोड़ गयी
मन, मस्जिद, मन्दिर तोड़ गयी, क्या ये है क़यामत, ज़रा नहीं।

चुपचाप उसे तकते रह कर, 'हर हिज्र अलम' तन्हा सह कर
इक रोज़ उसे इतना कहकर चल देंगे, 'शिकायत ज़रा नहीं।'

गुल्ज़ार : चमन बागीचा
बरहना : निरवस्त्र
सदाकत : सच्चाई

○

जब तन्हाई धड़कन में बसे दिल दुखता है
दो आँखों में जब शाम ढले दिल दुखता है।

जिन राहों पर हमराह मेरे तुम होती थीं
जब साथ वहाँ सन्नाटा चले दिल दुखता है।

है वक़्त मुक़र्रर, ठीक, मगर चलते चलते
जब कोई अचानक थम जाये दिल दुखता है।

हर मंज़र हो जब ज़हर बुझे तीरों जैसा
फिर किस से आख़िर कौन कहे दिल दुखता है।

ये शहर हुआ है जंगल या मैं बदल गया
जब क़त्ल पे बस अख़बार बिके दिल दुखता है।

है खौफ़ज़दा कुछ इतना ये उम्मीदों से
अब सीने में गर आस पले दिल दुखता है।

मुक़र्रर : तय होना

○

दश्त-ए-वहशत ने फिर पुकारा है
ज़िन्दगी आज तू गवारा है।

डूबने से बचा के मांझी ने
दर्द के घाट ला उतारा है।

लाख तू मुझ से है मगर मुझ में
कब तेरी हमसरी का यारा है।

बात अपनी अना की है, वरना
यूँ तो दो हाथ पर किनारा है।

जान-ए-'शहज़ाद' ज़िन्दगी का सफ़र
हमने बे कारवां गुज़ारा है।

हमसरी : बराबरी
यारा : उदासी
गवारा : काबिले बर्दाश्त

O

बदन में डूबते उम्मीद के सूरज में ढल जाओ
बदलते वक़्त के हमराह तुम भी जाँ, बदल जाओ

है अब भी वक़्त हम से लो सबक़ और अक़्ल की सुन लो
गिरे कब हो, अभी तो लड़खड़ाए हो, संभल जाओ।

जलो जिस के लिए उस तक भी थोड़ी सी तपिश पहुँचे
ये जीना भी कोई जीना है *के बस चुप चाप जल जाओ

घड़ी भर को अचानक लड़खड़ा जाती हैं जब आँखें
अगर कुछ जान प्यारी हो तो बस उस पल से टल जाओ।

फ़क़त उस के लिए जीना बोहत अच्छा सही, लेकिन
कभी अपने लिए भी सामने उस के मचल जाओ।

यहाँ हर रास्ता बस एक ही मंज़िल को जाता है
सो, आँखें बन्द कर के तुम जिधर चाहो, निकल जाओ।

यहाँ खोटे खरे की बस यही पहचान है यारो
कि इस दुनिया की मण्डी में फ़क़त इक उम्र चल जाओ।

हमारे प्यार को तुम प्यार रहने दो, तो अच्छा है।
ना लाओ अपनी पेशानी पे टेढ़ा सा ये बल, जाओ।

तपिश : गर्माहट, बेचैनी पेशानी : माथा
*के : के हिन्दी का 'कि' मानकर पढ़ेंगे

○

उजड़ गयी है ज़िन्दगी
किसे बताऊँ आगही।

ये उम्र भर का रोग है
वो चार दिन की बात थी।

पिघल रहा था ग़म मेरा
सिसक उठी है चांदनी।

वो सुब्ह-ए-वस्ल-ए-आरज़ू
मैं शाम, हिज्र-ए-यार की।

अजीब थी शिकस्त-ए-ग़म
उदास हो गयी ख़ुशी।

न जाने किसने क्या कहा
लहू लहू सड़क हुई।

ये करबला-ए-वक़्त है
मैं 'शिम्र' भी, 'हुसैन' भी।

शिम्र : बुरे चरित्र वाला, हुसैन का हत्यारा

○

नया इक ज़ख़्म खाना चाहता हूँ
मैं जीने को बहाना चाहता हूँ।

रूला देती है हर सच्ची कहानी
मैं इक झूटा फ़साना चाहता हूँ।

ये पागलपन नहीं तो और क्या है
मैं सचमुच मुस्कुराना चाहता हूँ।

बोहत मासूम था वो दौर-ए-वहशत
मैं फिर जंगल बसाना चाहता हूँ।

दिखाओ ख़्वाब या लहराओ साग़र
मैं ख़ुद को भूल जाना चाहता हूँ।

ख़ुदाया दर्द को दे और शिद्दत
कि मैं अब हार जाना चाहता हूँ।

वो आ जायें तो दिल पर हो न क़ाबू
वो ही क़िस्सा पुराना चाहता हूँ।

कोई शहज़ाद को 'मुझ पास' लाए
मैं उस का दुख बटाना चाहता हूँ।

○

अब तुम से कभी गरचे मुलाक़ात न होगी
पर दिल से भुलाने की तुम्हें बात न होगी।

तुम मद्दे-मुक़ाबिल हो मगर जान हो मेरी
मैं चाल चलूँगा तो तुम्हें मात न होगी।

आँखों में घटाएँ तो उतर सकती हैं, लेकिन
इस अब्र से जानां कभी बरसात न होगी।

तुम जिस में मुझे मिल के न घर लौट के जाओ
क्या ऐसी कोई शाम, कोई रात न होगी?

'तुम प्यार' से जानां जो मेरे साथ है, तुम बिन
वो गर्मी-ए-जज़्बात मेरे साथ न होगी।

मद्दे मुक़ाबिल : जिस से मुक़ाबला हो
गरचे : हालाँकि

○

हर एक चीज़ है फ़ानी, फ़क़त हयात नहीं
बजुज़ ख़ुदा के किसी को यहाँ सबात नहीं।

हयात नाम ही तब्दीलीयों का है जानां
बदल गये हो जो तुम भी तो कोई बात नहीं।

करम है ये मेरे दो एक ख़ास यारों का
तबाहियों में मेरी दुश्मनों का हाथ नहीं!

ग़ज़ब का सिल सिला थमने ही में नहीं आता
ज़रा सा प्यार ही माँगा था, कायनात नहीं!

चली गयी हो जो तुम भी तो क्या गिला तुम से
यहाँ तो यूँ है कि मैं ख़ुद भी अपने साथ नहीं।

सहर भी घर मेरे 'शहज़ाद' तीरगी लाई
क़ुसूरवार मेरी जान सिर्फ़ रात नहीं।

बजुज़ ख़ुदा : ख़ुदा के सिवा
सबात : हमेशा क़ायम रहना
तीरगी : अँधेरा
फ़ानी : ख़त्म होना
कायनात : दुनिया
हयात : ज़िन्दगी

○

एक नक़्श-ए-सतह-ए-आब, जवानी कहें जिसे
है एक पल की बात, कहानी कहें जिसे।

घर दिल का ख़ाक कर गयी छोटी सी बात पर
आँखों से बहती आग *के पानी कहें जिसे।

सच यूँ है, दर बदर ही रहे उस के बाद हम
सब ला मकां से नक़्ल मकानी कहें जिसे।

कल जान माँगता था यही तो वो हिज्र है
अच्छे दिनों की आज निशानी कहें जिसे।

मैं दोस्ती में अब भी हूँ क़ायल ख़ुलूस का
वो बात, लोग रस्म पुरानी कहें जिसे।

'शहज़ाद' उस का नाम है ऐ कमसिनो, सुनो
अक़्लीम-ए-फ़न में दर्द का बानी कहें जिसे।

नक़्श-ए-सतह-ए-आब : पानी की सतह पर बनाया हुआ नकश-निशान
नक़्ल मकानी : एक जगह से दूसरी जगह घर बदलना
अक्लीमे फ़न : फन की सल्तनत
*के : के हिन्दी का 'कि' मानकर पढ़ेंगे
बानी : बुनियाद रखने वाला
दर बदर : ठोकर खाना, आवारा फिरना

O

होने कि अपने एक शहादत के वास्ते
उसने जहाँ बनाया है शोहरत के वास्ते।

खूँटे से हद के बाँध दी डोरी हयात की
महदूद कर दिया गया वुस्सअत के वास्ते।

नुचती रही वो 'ग़ैर' के हाथों तमाम उम्र
माँ बाप-ओ-ख़ानदान की इज़्ज़त के वास्ते।

मजबूरियों का हाथ पकड़ कर वो चल दिया
देता ही रह गया मैं मुहब्बत के वास्ते।

फिर हमने मिल के उस को तवायफ़ बना दिया
भटकी जो एक बार ज़रूरत के वास्ते।

बाद-ए-अलम से कैसे बुझेगा वो 'दिल चिराग़'
तूफ़ां खड़े हों जिस की हिफ़ाज़त के वास्ते।

जज़्बे गुन्धे हैं शेर में 'शहज़ाद' इस तरह
जैसे चमन में फूल हैं निकहत के वास्ते।

महदूद : सीमित
वुस्सअत : फैलाव
बाद-ए-अलम : दुख की हवा
बाद : हवा
निकहत : खुशबू

○

जवाब जिन का नहीं वो सवाल होते हैं
जो देखने में नहीं कुछ, कमाल होते हैं।

तराशता हूँ तुझे जिन में अपने लफ़्ज़ों से
बोहत हसीन मेरे वो ख़्याल होते हैं।

हसीन होती हैं जितनी बला की दो आँखें
उसी बला के उन आँखों में जाल होते हैं।

वो गुनगुनाते हुए, यूँ ही जो उठाते हैं
क़दम कहाँ, वो क़यामत की चाल होते हैं।

ऐ दर्द-ए-हिज्र, ये 'शहज़ाद' है, ख़्याल रहे
और 'इस से' लोग बड़े ख़ाल ख़ाल होते हैं

तराशना : carve
बोहत : बहुत
वो : वह
ख़ाल ख़ाल : कम कम
इससे : इस जैसे

O

एहसास को हालात के शोलों ने तपाया
तब जाके कहीं शेर का चेहरा नज़र आया।

तन्हाई के सहरा में तेरी खोज ने मुझ को
खोया था कुछ ऐसे *के कोई ढूँढ़ न पाया।

ऐ मौज-ए-हवादिस कि तेरी आस न टूटे
जैसे भी हुआ मैं ने तिरा साथ निभाया।

तक्मील की ख़्वाहिश ने जो बख़्शा था कली को
किस हुस्न से खुशबू ने वोही ज़ख़्म छुपाया।

सच है कि तग़य्युर से इबारत है ये दुनिया
जिस पल ने हँसाया था, उसी पलने रूलाया ।

अहबाब की फ़ेहरिस्त में पतझड़ का समां था
हालात ने जूंही ज़रा नज़रों को घुमाया।

ये सच है *के कूफ़ी था हर इक यार-ए-तरहदार
'शहज़ाद' ने भी रस्म-ए-हुसैनी को निभाया!

मौज-ए-हवादिस : हादसों की लहर — तपाया : गर्म करना
यार-ए-तरहदार : खूबसूरत दोस्त — तग़य्युर : तबदीली
*के : के हिन्दी का 'कि' मानकर पढ़ेंगे — तकमील : पूरा करना

O

आसान गर नहीं है तो दुश्वार भी नहीं
जाँ देना उस पे जो मेरा दिलदार भी नहीं।

लश्कर लिए वो हुस्न का आया है सामने
हाथों में मेरे होश की तल्वार भी नहीं।

आँखों में उस की मेरी नज़र के सवाल पर
इक़रार गर नहीं है तो इन्कार भी नहीं!

मेरे बग़ैर चैन भी आता नहीं उसे
चलने को मेरे साथ जो तैयार भी नहीं।

उस के बग़ैर काट ही ली मैंने ज़िन्दगी
ये जीत भी नहीं है मेरी हार भी नहीं।

साए की मैं उम्मीद भला किस तरह रखूँ
छत दूर मेरे घर में तो दीवार भी नहीं।

दुशवार : मुश्किल

○

लबों पर जब से धड़कन के तुम्हारा नाम रहता है
मेरे होंठों के हाथों में ख़ुशी का जाम रहता है।

यही वो कैफ़ियत है जिस को शायद प्यार कहते हैं
मुझे जैसे हर एक पल तुम से कोई काम रहता है।

जो उसके साथ कट जाये सफ़र, उतना ही जीवन है
मयस्सर दश्त को बादल कहाँ हर गाम रहता है।

ये 'दिल रस्ता' है इस पर अक्ल़ वाले कम ही चलते हैं
यहाँ हर गाम पर जानां नया इल्ज़ाम रहता है।

जो कानों से नहीं, धड़कन से सुनते हैं वो वाक़िफ़ हैं
ख़मोशी की सदा में किस का ये पैग़ाम रहता है।

समझता है जुदाई इससे मुमकिन ही नहीं उसकी
नफ़स बनकर बदन में इक ख़याल-ए-ख़ाम रहता है।

घड़े वो लफ़्ज़ क्यों कर जो तेरा पैकर बना पायें
इसी धुन में तेरा 'शहज़ाद' सुबह-ओ-शाम रहता है।

ख़्याल-ए-ख़ाम : बेकार ख़्याल
पैकर : जिस्म
दश्त : रेगिस्तान
मयस्सर : हासिल
कैफ़ियत : हालत

○

कोई तो बात अटल लिख डालो
उसकी आँखों को कंवल लिख डालो।

उस के होंठों को क़यामत कह कर
उस की बातों को ग़ज़ल, लिख डालो।

ज़िन्दगी सब जिसे कहते हैं, उसे
आज एक ख़्वाब का पल, लिख डालो।

नज़्र-ए-मय सुबह के खिलते जो हुई
अपनी उस आज को कल लिख डालो।

नेक अफ़आल जो कल ठहरे थे
आज बेकार अमल लिख डालो।

जिस पे 'शहज़ाद' का दीवान निसार
तुम उसे ऐसी ग़ज़ल लिख डालो।

अफ़आल : आमाल, काम
कंवल : कमल का फूल
निसार : न्योछावर
अफ़आल : बहुत सारे काम
अमल : कार्य करना (To Act)

O

न एहतमाम मेरा था न इख़्तताम मेरा
बिला सबब ही सफ़र से जुड़ा है नाम मेरा।

छलक पड़ा तो किसे दोष दूँ कि सच ये है
शराब से मेरा रिश्ता था और न जाम मेरा।

मुझे तो याद नहीं, तुम ही कुछ कहो, यारो
मुझे बताओ तो क्या था भला पयाम मेरा।

मैं जिस की खोज में तमसील बे घरी की हुआ
ख़बर मिली है कि वो था ख़याल-ए-ख़ाम मेरा।

रहा है कौन, कि 'शहज़ाद' मैं रहूँगा यहाँ
मगर जहाँ में रहेगा अलम, मुदाम मेरा।

पयाम : पैग़ाम — इख़तताम : ख़त्म होने को
तमसील : मिसाल — ख़याल-ए-ख़ाम : बेकार ख़याल
मुदाम : हमेशा — एहतमाम : To arrange or manage something in a grand fashion

O

साथ का अपने कड़ी धूप में साया रखना
यूँही होंठों में हर इक दुख का मदावा रखना।

लड़खड़ा जाऊँ थकन से तो इसी प्यार के साथ
तुम ज़रा हाथ बढ़ा कर मुझे चलता रखना।

मैं हूँ तख़लीक़ तिरी और तू ख़ालिक़ मेरा
फिर भला ख़ुद से मुझे इतना जुदा क्या रखना।

काम मुश्किल है मगर जान, नहीं ना मुमकिन
दर्द कहते हुए हंसता हुआ चेहरा रखना।

आज भूले से जो घर होश में आ निकले हो
मिल के तन्हाई से भी 'मूड' को अच्छा रखना।

मदावा : इलाज
तख़लीक़ : बनाई हुई चीज, सृजन
ख़ालिक़ : बनाने वाला

○

दर्द-ए-दिल के असर से चलते हैं
इस लिए चारागर से चलते हैं।

आओ थम कर ज़रा सा दम ले लें
थक गये हैं, सहर से चलते हैं।

ज़ुल्म है, क़हर है, क़यामत है!
तिश्ना लब तेरे दर से चलते हैं।

ख़ून माँगे हैं इश्क़-ओ-हर्फ़ गरी
काम कब ये हुनर से चलते हैं।

जब से वो दिल में आन ठहरा है
क़ाफ़ले चश्म-ए-तर से चलते हैं।

भूल कर रंजिशें, मिलो हम से
आज हम अपने घर से चलते हैं।

हद है 'शहज़ाद' बावले पन की
रूठ कर राहबर से चलते हैं।

राहबर : रास्ता दिखाने वाला
शाम-ए-गुर्बत : परदेस की शाम
दरपेश : सामने होना
क़हर : बला, आफ़त
इफ़तेख़ार : इज़्ज़त

○

तुझ को खोकर भी हमें ख़ुद से शिकायत ही न थी
हम तो कहते हैं हमें तुझ से मुहब्बत ही न थी।

इस तरह वोह बाँटता फिरता रहा घर के चराग़
रौशनी की उस के घर को जूँ ज़रूरत ही न थी।

बेचकर सारा असासा आ बसे परदेस में
देस की हालत से जैसे हम को निस्बत ही न थी।

रात को हम सुबह पहनाने में ऐसे गुम रहे
जिस तरह दरपेश हम को शाम-ए-गुर्बत ही न थी।

ग़ैर के घर जो ज़बां थी बाइस-ए-सद इफ़्तेख़ार
उस ज़बां के वारिसों की घर में इज़्ज़त ही न थी।

रौशनी, तन्हाई, उज़लत, शायरी, शोहरत, शराब
किस तरह कह दूँ तिरी मुझ पर इनायत ही न थी।

देख कर वीरानियाँ 'शहज़ाद' की हिम्मत बन्धी
शेर गोई की वगरना दिल में वुक़अत ही न थी।

असासा : कुल सामान
उज़लत : इज़्जत
निसबत : ताअल्लुक़
बाइस-ए-सद इफ़्तेख़ार : बहुत फ़ख़्र का सबब
वुक़अत : क़दर

○

हम से तन्हाई के मारे नहीं देखे जाते
बिन तेरे चाँद, सितारे नहीं देखे जाते।

हारना दिन का है मंज़ूर मगर जान-ए-अज़ीज़
हम से गेसू तेरे हारे नहीं देखे जाते।

जिनके पैरों में समन्दर थे झुकाए नज़रें
उनकी आँखों में किनारे नहीं देखे जाते।

जिन की आहट से बन्धी थी मेरे दिल की धड़कन
उन निगाहों के इशारे नहीं देखे जाते।

तूर पत्थर था, मेरे दिल को दिखा अपनी झलक
फिर ये कहना कि नज़ारे नहीं देखे जाते!

माह-ए-कामिल भी जिसे देख के सजदे में गिरे
आँख में उस की सितारे नहीं देखे जाते।

तूर : पहाड़ का नाम
गेसू : बाल, जुलफ़ें
माह-ए-कामिल : पूरा चाँद

○

ऐ दश्त-ए-वहशत के आग मौसम तू मुझ पे जो मेहरबाँ हुआ है
ख़्याल रखना कि साथ मेरे चला है जो गुलसितां हुआ है।

ये किस की यादों ने दिल में आकर लगाई है आग पानियों में
ये हँसते हँसते तुम्हारा चेहरा यूँ दफ़अतन क्यूँ धुआँ हुआ है।

वोही समन्दर, वोही हवाएँ वोही है तूफां का ज़ोर लेकिन
मुक़ाबले का वो अज़्म-ए-खुदसर गये दिनों का बयाँ हुआ है।

जो जान से भी अज़ीज़ तर था, अज़ाब राहों में हमसफ़र था
मैं जिस का घर जो मेरा नगर था, वो 'वजह वीरानियाँ' हुआ है।

लहू नहीं है तो और क्या है जो आज आँखों से रिस रहा है
उदास लोगो कहो तो आख़िर यह किस का मातम जवां हुआ है।

मेरे नगर का समाज उस का, छलकती आँखों पे राज उस का
मेरी मुहब्बत का ताज है जो शिकस्ते दिल का निशां हुआ है।

मुहब्बतों का जहान ये दिल, वफाओं का साइबान ये दिल
यक़ीन आयेगा कब किसी को 'ये नज़्र-ए-तन्हाईयाँ' हुआ है।

अज़्म-ए-खुदसर : ज़िद्दी इरादे
साइबान : छप्पर
वोही : वही
वजह-ए-वीरानियाँ : वीरानि का सबब
नज़्र-ए-तन्हाईयाँ : तन्हाइयों के हवाले

○

ग़म सहना अच्छा लगता है
चुप रहना अच्छा लगता है।

हालात के धारे पर गुम सुम
यूँ बहना अच्छा लगता है।

सर, नोके सिना पर चढ़ जाये
सच कहना अच्छा लगता है।

दुख दर्द छुपा कर, चेहरे पर
सुख पहना अच्छा लगता है।

अख़्लास कहें हैं लोग जिसे
वो गहना अच्छा लगता है।

'शहज़ाद' हक़ीक़त के क़िस्से
बस कहना अच्छा लगता है।

नोके-सिना : भाले की नोक
अख़लास : खुलूस, सच्चाई

O

ख़्याल फिक्र में खोया है, बेख़ुदी गुम है
अजीब प्यास है 'शहज़ाद' तिश्नगी गुम है।

भटक रहा हूँ मैं सहरा-ए-फ़िक्र-ए-हस्ती में
शिकस्ता पा हूँ, अकेला हूँ, ज़िन्दगी गुम है।

बपा है शोर-ए-क़यामत मेरे तख़य्युल में
सदाए सौत पुकारे है ख़ामशी गुम है।

ये तमतमाए से रूख़सार ये झुकी सी नज़र
बस एक दिल ही नहीं गुम ये अक़्ल भी गुम है।

तलाश-ए-शहर-ए-तमन्ना में घर से निकला था
था जिस पे नाज़ उसी दिल की रहबरी गुम है।

सहरा-ए-फ़िक्र-ए-हस्ती : जिन्दगी की फ़िक्र के रेगिस्तान तख़य्युल : ख़्याल
शिकस्ता : थका हुआ, टूटा हुआ

○

मायूस हो क्योंकर सोचो तो
रातों का मुक़द्दर सोचो तो!

क्यों आख़िर को छुप जाता है
ख़ुर्शीद निकल कर सोचो तो।

क्यों धज्जी धज्जी है आख़िर
अफ़कार की चादर सोचो तो।

क्या ख़्वाब थे, क्या ताबीरें हैं
टुक बैठ के पल भर सोचो तो।

पल भर को झुकाने के बदले
क्यों कटते हैं सर सोचो तो।

अव्वल भी ज़ियाँ आख़िर भी ज़ियाँ
जीवन का मुक़द्दर सोचो तो।

फिर आवारा भी कह लेना
'मुझ दर्द' पहन कर सोचो तो

अफ़कार की चादर : फ़िक्र की चादर — ज़ियाँ : नुक़सान
टुक : ज़रा — ख़ुर्शीद : सूरज

○

ज़िन्दगी, नज़्र-ए-ख़राबात भी हो सकती है
पर कहीं ख़ुद से मुलाक़ात भी हो सकती है।

याद रख जोश में आये हुए नादाँ बच्चे
आज दिन साथ है, कल रात भी हो सकती है।

कैसे आँखों में सजालूँ मैं बिना समझे इसे
ये खुशी, दुख की कोई घात भी हो सकती है।

हाथियों की तेरे हमराह बड़ी फौज सही
तुझ को चिड़ियों से मगर मात भी हो सकती है।

हिज्र लाहक़ है तेरा, सच है, मगर जान-ए-अज़ीज़
वजह-ए-ग़म, तल्ख़ी-ए-हालात भी हो सकती है।

नज़्र-ए-ख़राबात : उजड़े वीरान रेगिस्तान के हवाले — लाहक़ : लगा हुआ
गरदिश-ए-हालात : हालात की तबदीली

○

मेरा लहू मेरी वहशत के सर गया होता
पयम्बरी न अगर मिलती, मर गया होता।

थे मोड़ ऐसे कि उस का तो सांस रुक जाता
सफ़र में साथ अगर मेरे, डर गया होता।

वो मेरे साथ रहा यूँ कि मुझ सा तन्हा था
ख़ुदा वगरना बहुत पहले घर गया होता।

मैं वक़्फ़-ए-दश्त हुआ हूँ ख़ुद अपनी मर्ज़ी से
मैं चाहता तो उसे पार कर गया होता।

मुनाफ़िक़त का भला हो कि सांस बाक़ी है
वगरना सच तो मुझे क़त्ल कर गया होता।

वहशत : पागलपन
वक़्फ़-ए-दश्त : रेगिस्तान के हवाले
मुनाफ़िक़त : पाखंड

○

'हयात दिन' को सियाह शाम कर गया होगा
वो सरफिरा तो था ख़ुद से गुज़र गया होगा।

वो कह रहा था तुम्हें खोके जान दे देगा
वो कह रहा था तो कल शाम मर गया होगा।

जो रात भर नहीं सोया था राह में दिन की
वो सुब्ह आस गँवा कर किधर गया होगा।

चलो कि हम भी शहीदों में नाम लिखवा लें
चढ़ा हुआ था जो दरिया, उतर गया होगा।

बिखर के वो मेरी बाहों में आ सिमटता था
गँवा के मुझ को वो कल कैसे घर गया होगा।

○

हाँ, हम को सितारों से मोहब्बत तो बोहत थी
पस्ती का भी दिल रखना था हिम्मत तो बोहत थी।

अब जिस से कोई रब्त, न उल्फ़त, न अदावत
उस नाम से कल तक हमें निस्बत तो बोहत थी।

कुछ अपनी अना का भी भरम रखना था दिल को
होंठों पे जमी प्यास में शिद्दत तो बोहत थी।

देखा जो हमें, दिल को क़रार आ गया उस के
सहरा में भी वीरानी-ओ-वहशत तो बोहत थी।

आँखों में तेरे हिज्र का मौसम उतर आया
वरना तेरे दीदार की हसरत तो बोहत थी।

बोहत : बहुत
रब्त : वास्ता, लगाव
अदावत : दुश्मनी
विरानी-ओ-वहशत : तन्हा और उजड़ी हुई जगह

○

मैं अपने आप से बरहम था, वो ख़फा मुझ से
सुकूँ से कैसे गुज़रता ये रास्ता मुझ से।

ग़ज़ल सुना के, कभी नज़्म गुनगुना के मेरी
वो कह रहा था मेरे दिल का माजरा मुझ से।

गुज़र के वक़्त ने गूँगा बना दिया था जिन्हें
वो लफ़्ज़ माँग रहे हैं नई सदा मुझ से।

वो जिस ने ख़्वाब मेरे पल में क़त्ल कर डाले
ख़िराज माँगने आया है खून का मुझ से।

बस एक बार नज़र भर के उसको देखा था
नज़र मिला न सका फिर वो बेवफा मुझ से।

ख़िराज : वसूली, माँगना

मुतफर्रिक़ अशार

O

एक दीवार थी, बुनियाद की पाबन्द रही।
हो लिया साथ मगर साया-ए-दीवार मिरे।

ख़ुद ज़िन्दगी अता की मगर ख़ुद ही छीन ली
इन्सान पर ख़ुदा की इनायत अजीब है।

ये मत देखो कौन है, किस मस्लक से है
मुम्किन हो तो ग़ौर करो, क्या बोल रहा है।

राज़ ख़ेरा हो के आँखों पर खुला
रौशनी का तीरगी एजाज़ है।

जाने शहज़ाद, ज़िन्दगी क्या है
आँसुओं का सबात आँखों में।

मैं तो पत्थर हूँ कि दुखता भी हूँ अगर, तो दिखता नहीं
फूल है वो, समझाओ उसे *के वो न मेरे हालात सुने।

ख़ेरा : चका चौंध, चुंधिया जाना
मस्लक : विश्वास की राह
*के : हिन्दी का 'कि' मानकर पढ़ें
एजाज़ : उरुज़ (height)
सबात : मज़बूती, पायदारी

○

खुदा-ए-कुल ये मेरा टूट कर बिखर जाना
तेरे करम की है तौहीन, मेरी हार नहीं।

मैं, आप में जो अरफ़ा-ओ-आला हुआ, तो क्या
है एक तुझ सा कोई तेरी कायनात में?

जैसे सुन कर हाल, तुम आ जाओगी
खुद को इतने शौक़ से ज़ख़्मा रहा हूँ।

अब उसी नाम को बदनाम किये फिरते हैं
हम जिसे याद भी छुप छुप के किया करते थे।

भरम बस टूटने वाला था कल शब मुस्कुराहट का
दिये ने जान दे कर ज़ब्त की इस्मत बचाई है।

ज़िन्दगी से मुझे कल रात बचाने के लिए
हिज्र ने तेरे मुझे ज़हर पिलाए रखा।

खुदा-ए-कुल : हर चीज का खुदा
अरफा-ओ-आला : बेहतरीन, बहुत उम्दा

O

शायद के अभी आस कोई क़त्ल हुई है
रक़्सां मेरे सीने में किसी खून की बू है।

मैंने पहली ही नज़र में तुम्हें पहचान लिया
तुम, मेरी सीप में बसता है जो गौहर हो ना?

शब-ए-हयात बिल्आख़िर हुई सहर, अपनी
वो आज़माते रहे और आज़माते रहे।

जिसने रोग लगाया हम को तन्हा ग़ज़लें लिखने का
एक ग़ज़ल भी नज़्म न हम कर पाये उस शह पारे की।

टूट जाने पे भी मायूस नहीं मैं कल से
मेरे बेटों में मेरी धुन की झलक बाक़ी है।

सच नही बोला मगर इसकी तमन्ना की है
अब इसी जुर्म में सूली पे चढ़ाओ मुझ को

रक़्सां : नाचना
गौहर : मोती
शहपारा : बहुत खूबसूरत

○

कहाँ तक साथ दे तन्हाई आख़िर
यह पागल भी तो घर जायेगी इक दिन।

जिसको देखो, वोही है तेग़ बकफ़
कोई तो दिल में प्यार से उतरे।

मेरी तन्हाई साथ है मिरे
कौन कहता है मैं अकेला हूँ।

दो लफ़्ज़ बयाँ कर देते हैं, अपनी इक उम्र का अफ़साना
वो छोड़ के गुलशन आ न सका हम छोड़ के सहरा जा न सके

कुछ तो कहो कि किस ने लगाई है आग आज
जलते हुए मकाँ का धुआँ भी उदास है।

ये टूट जाये तो मैं ज़रा सुख से जी सकूँ
तुझ को गँवा के, तेरे जो मिलने की आस है।

तेग़ : तलवार
बकफ़ : उठाए हुए

○

फिर कौन नाज़ इनके उठाएगा बज़्म में
तन्हाईयों को अपने ही हमराह ले चलो।

लगा कर ज़ख़्म, ख़ुद मरहम भी देगा
उसे इतना क़रीना आ गया है।

हमने उसी को यार-ए-तरहदार कह दिया
जो दर्द हद्दे ज़ब्त से बाहर नज़र आया।

हमारे बीच बटी इस तरह शराब-ए-हयात
तमाम तल्ख़ियाँ मेरी, ख़ुमार उसका था।

मुझे यक़ीन कि मेरा भी उस पे हक़ है बोहत
उसे गुमान कि परवर-दिगार उसका था।

तुम भूल के उस के सहरा को अपना गुलशन आबाद करो
शहज़ाद में इतनी हिम्मत है, वो तुम से बिछड़कर जी लेगा।

□□

तरहदार : ख़ूबसूरत शख़्स

‘कहना उसे’, फ़रहत शहज़ाद और मैं

Working towards getting Farhat Shahzad’s book of ghazals to the reader has been an extraordinarily amazing voyage. During this time, It has become a deep conviction with me that no language holds the range of expressions or can couch the myriad layers of thought with such succinctness and brevity as our language, the Urdu , Hindi mix that we use in daily life. Reading Farhat Shahzad’s Ghazals has been a great joy and a reintroduction to many half forgotten thoughts which are in the collective ethos of our subcontinental culture. With the certainity that each reader will share in this joy and discover a new the great beauty of the Ghazal, I present to you, The first book of Farhat Shahzad’s Ghazals printed in Devnagri.

‘कहना उसे’ एक ऐसा टाइटल है जो हर मायनों में एक मील का पत्थर है। 1979 में लॉस एंजलस, अमेरिका के रेडियो स्टेशन में काव्य पाठ कर, 23 वर्षीया फ़रहत स्टूडियो से निकले तो बाहर के कमरे में बैठे एक शख़्स ने उनसे पूछा, “क्या स्टूडियो में आप ही ग़ज़ल पढ़ रहे थे?” फ़रहत के हामी भरने पर उस शख़्स ने बड़ी विनम्रता से कहा, “क्या आप मुझे इस ग़ज़ल को गाने की इजाज़त देंगे?” जी हाँ मात्र 23 वर्षीया फ़रहत शहज़ाद से विश्वविख्यात गायक मेहदी हसन ख़ान की ये रोमांचक पहली मुलाकात थी। उस ग़ज़ल को आगे चल कर मेहदी हसन साहब ने ‘कहना उसे’ शीर्षक की एल्बम का हिस्सा बनाया जिसकी सभी 9 ग़ज़लें फ़रहत की लेखनी से थीं। इस एल्बम ने मौसिकी की दुनिया में धूम मचा दी, और गायक तथा शायर के लिए बेशुमार शोहरत हासिल की। इस जोड़ी ने एक के बाद एक,

तीन एलबम्स बनायीं, हर एल्बम में फ़रहत साहब की 9 ग़ज़लें, बेशकीमती नगों की तरह मेहदी हसन ने सुरों से सजाई थीं।

अपनी पहली एल्बम 'कहना उसे' से ग़ज़ल का नया इतिहास लिखने वाले फ़रहत शहज़ाद और मेहदी हसन ख़ान साहब के बीच पहले दिन से एक रूहानी रिश्ता जुड़ गया। 1979 में हुई इस शुरुआत के बाद दोनों ने मिल कर अनगिनत बेहतरीन ग़ज़लें दुनिया को दीं, जिसमें 3 सोलो एल्बम भी शामिल हैं। उम्र के फ़ासले के बावजूद ख़ान साहब फ़रहत को शहज़ाद भाई कहते थे। फ़रहत शहज़ाद ने भी ये साथ आख़िरी दम तक निभाया। ख़ान साहब की अन्तिम बीमारी के दौरान फ़रहत ने एक 'ट्रस्ट' बनाया और, हर मुमकिन तरीके से उनका साथ दिया। फ़रहत शहज़ाद की ग़ज़लों में कुछ ऐसी बात है कि इस दौर के दुनिया के हर प्रसिद्ध ग़ज़ल गायक ने उनकी ग़ज़लों को अपनी आवाज़ दी है, मसलन गुलाम अली, जगजीत सिंह, आबिदा परवीन, शफ़क़त अली ख़ान, नुसरत फ़तेह अली ख़ान, इत्यादि। एक यादगार ग़ज़ल लता मंगेशकर जी की आवाज़ में डुएट के रूप में मेहदी हसन के साथ है।

आज 'कहना उसे' के शीर्षक से जो किताब आपके हाथों में है, इसकी कहानी भी उतनी ही दिलचस्प है, जितनी की इसके साथ जुड़े हुए ग़ज़ल, शायर और गायक की रही है। फ़रहत शहज़ाद शायरी की दुनिया के चमकते सितारों के दरमियान एक ऐसा चाँद है जिसकी चाँदनी एक दिल-कुश-कुन रौशनी देती है, धूप की तरह झुलसाती नहीं।

फ़रहत शहज़ाद के पिता जी शौकत अली, कैथल हरयाणा के निवासी थे। पार्टीशन के समय वे डेरा गाज़ी ख़ान जा के बस गये, जहाँ फ़रहत शहज़ाद का जन्म हुआ। मात्र 6 साल की उम्र में वे माँ के ममतामयी साया से वंचित हो गये थे। अनेक विपरीत परिस्थितियों का सामना कर के उन्होंने उर्दू और फिर अंग्रेजी में डबल एम.ए. किया। जीवन के रास्ते मिडिल ईस्ट से होते हुए उन्हें 22 साल की उम्र में अमेरिका ले आये। अमेरिका में फ़रहत ने एम.बी.ए किया, साथ ही पायलट का कोर्स पूरा किया। जीवन के हर संघर्ष में हार न मानने वाली इस शख़्सियत ने इस दौरान जीवनयापन के लिए, कभी कम्प्यूटर प्रोग्रामिंग करी तो कभी डोनट बनाये। इन्होंने हर

स्थिति हर क्षण के अनुभव को अपने अन्दर ऐसे समोया कि इनके दिल की हर धड़कन इनकी लेखनी से कागज़ों पर उतर आयी। फ़रहत ने अपने शब्दों में कहा है, "मैंने अपनी शायरी में वो ही लिखा है जो मैंने जिया है। अगर कभी कुछ ऐसा लिखा जो जिया नहीं था, तो उसको बाद में जीना पड़ा।"

'कहना उसे' को इस रूप में लाने के लिए फ़रहत साहब और मैंने बड़े परिश्रम से काम किया है। फ़रहत की ये ग़ज़लें उनकी पहली 5 उर्दू में छपी किताबों से ली गयी हैं। ग़ज़लों के चुनाव के बाद मुद्दा उठा कि देवनागरी में लिखी जायें—मुश्किल बस इतनी सी कि फ़रहत को देवनागरी नहीं आती थी, और मुझे उर्दू का उससे भी कम इल्म था। क्यूँकि हमारा उद्देश्य यही था कि उर्दू से नावाक़िफ़ पाठक भी जब इसको पढ़ें तो उसका उच्चारण सही रहे, हम दोनों की यही कमज़ोरी हमारी ताक़त बन गयी। कोई भी व्यक्ति इसे आसानी से पढ़ सकता है और नीचे दिये नोट्स से, सरलता से समझ सकता है।

'कहना उसे' को देवनागरी में लिखने के दौरान बहुत सारी ऐसी बातों को जाना और समझा जो शायद उर्दू से परिचित पाठक के लिए तो अत्यन्त सरल होंगी, लेकिन कई ऐसे पाठक भी हो सकते हैं जिन्हें ये बातें मालूम होने के बाद भी स्मरण न हों या उनकी जानकारी न हो। इस जानकारी को मैं यहाँ साझा कर रही हूँ, क्यूँकि इन बातों को मद्देनज़र रख कर ग़ज़ल को आसानी से समझा जा सकता है और इस प्रकार शायर की बात का भरपूर आनन्द लिया जा सकता है।

कुछ उर्दू शायरी से वाबस्ता नज़ाकतें जो किताब के पूरा होने तक मेरी समझ में आयीं, वो मैं आप से यहाँ साझा करना चाहती हूँ।

—डॉ. मृदुला टंडन
अध्यक्षा, साक्षी संस्था

इस्तलाहात

इज़ाफ़त–जब दो या ज़्यादा शब्दों को जोड़ने के लिए 'ए' या 'ओ' का प्रयोग करते हैं, जैसे : शाम-ए-फ़िराक़, दिल-ए-नादान। इन शब्दों को पढ़ें तो मतलब निकालने के लिए दायीं ओर के शब्द से पढ़िए। इस तरह 'शाम-ए-फ़िराक़' को जुदाई-की-शाम समझने में आसानी रहेगी।

कुछ शब्द ऐसे हैं जिन्हें हम हिन्दी में अलग रूप से लिखते और बोलते हैं, उनको भी हमने ऐसे ही लिखा है जैसे उर्दू में बोले जाते हैं।

हिन्दी वह–वोह
वही–वोही
बहुत–बोहुत

ग़लत-उल-आम–जो शब्द व्याकरण या तकनीकी मापदण्ड पर सही नहीं होते, लेकिन आम भाषा में अत्यधिक इस्तेमाल के तहत इन शब्दों को सामान्य बोलचाल में मान्यता मिल गयी है मसलन : दिखता है (व्याकरण की दृष्टि से ये होना ऐसा चाहिए : दिखाई देता है)।

यूँ तो एक अच्छे शेर की तारीफ़ सिर्फ़ इतनी सी है कि वह दिल से निकलता है और सीधा दिल में उतर जाता है। लेकिन स्कालरली तौर से देखा जाये तो हर शेर में बहुत-सी नज़ाकत होती हैं जो उसको अच्छा या बुरा बनाती हैं। इस मुख़्तसर-सी तहरीर में इतनी जगह तो नहीं है और ना ही इसका यह मक़सद है कि हर बारीकी पर तवज्जो दी जा सके मगर उर्दू ज़बान से कम या नावाक़िफ़, उर्दू शायरी से मोहब्बत करने वालों के इल्म में इज़ाफे के लिए कुछ चीज़ों का बयान, ग़ालेबन दिलचस्पी से खाली नहीं होंगे।

तलाज़्मा–एक शेर में इस्तेमाल होने वाले किसी एक लफ़्ज़ से मुताल्लिक

दूसरे लफ़्ज़ को तलाज़्मा कहते हैं जैसे समन्दर का तलाज़्मा, तूफान, कश्ती, किनारा वग़ैरह हो सकता है। तो समन्दर के साथ अगर तूफान को शेर में इस्तेमाल किया जायेगा तो वो तलाज़्मा कहलायेगा। लेकिन तलाज़्मा केवल बनावट के लिए ना इस्तेमाल किया जाये बल्कि इसका इस्तेमाल शेर को और खूबसूरत बनाने के लिए ग़ैर महसूस तौर पर इस्तेमाल किया जाना चाहिए, जैसे "समन्दरों को कहीं देखना हो गर ग़रक़ब, तो उसकी आँख का दीदार कीजिए आली जनाब।" यहाँ आँख, समन्दर का तलाज़्मा है गहराई के हवाले से। आम पढ़ने वाले अक्सर दो एक तरह के लफ़्ज़ का एक ही मतलब समझ लेते हैं। मसलन 'रंज' और 'दुख'। रंज को इस जुम्ले में इस्तेमाल किया जा सकता है "जावेद की बेरुखी से मुझे रंज पहुँचा। और असलम की मौत की ख़बर से बड़ा ग़म पहुँचा।"

तज़ाद–दो विपरीतार्थक शब्दों को एक ही शेर में इस तरह इस्तेमाल किया जाये कि शेर का हुस्न और निखर जाये। इस तरह के शब्दों के इस्तेमाल को तज़ाद कहते हैं, मसलन, "शाम की फिक्र में सहर से गया।" एक ही मिस्रे में 'शाम' और 'सहर' ऐसे इस्तेमाल हुए कि शेर का मतलब और हुस्न बढ़ गया।

इहाम–उस बात या सबाब को कहते हैं जो असल में होता नहीं है लेकिन शायर उसे शेर में सच बना देता है, जैसे "टटोल कब से रहा हूँ मैं अपने शानों को झुका नहीं था, सो शानों पर सिर नहीं मिलता।"

तालील–किसी ऐसी बात को कहते हैं जो हकीकत में एक बात की वजह ना हो मगर शायर उसे इस खूबसूरती से बयान करे कि वो ही उसकी सही वजह लगे। जैसे, "जाने क्या गुल खिलाएगी गुलरूत, जर्द चेहरा है डर से नरगिस का।" अब हर चन्द के नरगिस का फूल कुदरतन जर्द होता है लेकिन शायर ने उसके जर्द होने का सबाब बाहर का ख़ौफ़ बयान किया है।

तलमीह–किसी ऐसे वाकये की तरफ इशारा करना कि अगर पढ़ने वाले को उस वाकये का पूरा इल्म ना हो तो वो शेर का मतलब नहीं समझ पाता। जैसे, "मेरा तो नाम भी शहज़ाद है, हुसैन नहीं। मेरे लिए ये खुशी क्यों फ़रात ठहरी है।" अब जब तक पढ़ने वाला, सनेहा-ए-करबला से वाक़िफ़ नहीं होगा, उसको शेर समझ नहीं आयेगा।

अपनी बात

फिर जाने कब गोया अचानक ही मौसम बदल गया और मैंने खुद को अपने हर मौसम पर छाई ख़िज़ा का हिस्सा पाया। और शायद इसीलिए आज तक मैं बहार का मुसाफ़िर होने के बावजूद ख़िज़ा के लिए अपने दिल में एक अनोखी अट्रेक्शन पाता हूँ।

मुझसे बाक़ायदा तालीम का हाथ सातवीं जमात की तकमील से पहले ही छूट गया था। फिर प्राइवेट स्टूडेण्ट की हैसियत से कराची यूनिवर्सिटी से उर्दू में एम.ए. और इंगलिश में एम.ए. की अधूरी डिग्री तक मैं अपने माहौल और हालात की तरबीयत के मुताबिक पहले मुसलमान और फिर थोड़ा-सा इन्सान रहा। फिर एक खुशक़िस्मत दिन 'एक अदबी बे अदबी' ने मुझे एम.ए. इंगलिश की डिग्री अधूरी छोड़कर किसी और नगर में एक बेहतर ज़िन्दगी की तलाश के सफ़र पर रवाना कर दिया।

बहुत-सी ख़ारदार और फूलों से लदी राहों की तवील और पुर आज़माइश मसाफ़त बिलआख़िर मुझे अमेरिका ले पहुँची। यहाँ मेरी सोच की आँखों पर बँधी मज़हब की सब्ज़ पट्टी की गिरफ़्त कमज़ोर पड़ना शुरू हुई। फिर मेहदी हसन साहब से मुलाक़ात और उनकी आवाज़ से अपनी ही ग़ज़ल 'तन्हा तन्हा मत सोचा कर' से ताअर्रुफ ने गोया मेरा सफ़र 'पहले इन्सान और फिर कोई और' होने की तरफ़ शुरू कराया। और यूँ आज मैं इन्तहाई एतमाद से ये कहने के क़ाबिल हुआ कि, जी हाँ, मैं अव्वल आख़िर सिर्फ़ एक इन्सान हूँ। रंग, नस्ल, समाजी, सियासी और मज़हबी

रूहजान से लेकर क़ौमियत और शहरीयत तक सब मेरी इन्सानी एक पहचान के बाद का एक कम-अहम क़िस्सा हैं। मैं किसी मुल्क से मुताअल्लिक़ नहीं। मेरा ताअल्लुक 'प्लानेट अर्थ' से है और इसी सबब मैं इस ज़मीन पर बसने वाले हर इन्सान को पहले अपना हमवतन समझता हूँ और फिर कोई और।

मेहदी हसन ख़ान साहब से अमेरिका में एक इण्टरव्यू के दौरान होने वाली एक सरसरी सी मुलाक़ात एक एहतराम भरी दोस्ती की बुनियाद साबित हुई। मैं उनके सब से बड़े बेटे से उम्र में शायद कम होने के बावजूद उनके लिए 'शहज़ाद भाई' था और वो मेरे लिए 'ख़ान साहब'। हम तक़रीबन 32 बरस एक-दूसरे के हर रंग और हर मौसम के शरीक रहे। इस शराकत की कहानी हम दोनों के चाहने वालों का मुझ पर एक क़र्ज़ है जिसे मैं जल्द, बल्कि बहुत जल्द उतार दूँगा। इस किताब का नाम 'कहना उसे' उसी कहानी का एक हिस्सा है। हमारी दोस्ती की शुरुआत से उस वक़्त तक की 9 ग़ज़लें, हमारी पहली मुश्तर्का रिकार्डिंग की शक्ल में हमने 1983 में रिकार्ड की। हर चन्द के उसके बाद खुश-क़िस्मती से मुझे ग़ज़ल के तक़रीबन हर क़ाबिले ज़िक्र फ़नकार के साथ काम करने का मौक़ा मिला और हर तजरबा मेरे लिए एक संगे-मील की हैसियत रखता है मगर मेहदी हसन साहब के साथ रिकार्ड की हुई पहली 9 ग़ज़लें जो 'कहना उसे' के नाम से रिलीज़ हुईं आज तक सारी दुनिया में मेरी पहचान की हैसियत रखती हैं। चुनांचे ये किताब और इसका नाम मेरा एक छोटा-सा ट्रीब्यूट है अपने दोस्त, अपने पसन्दीदा तरीन फ़नकार मेहदी हसन साहब के लिए। काश ये काम मैं उनकी दुनियावी ज़िन्दगी में मुकम्मल कर सकता। लेकिन ख़ैर, मेरे लिए वो हमेशा मेरी समाअत और सोच की दुनिया में ज़िन्दा हैं और रहेंगे। सो ये काम इतना बाद-अज़-वक़्त भी नहीं। और अब कुछ अहम बातें अपनी शायरी के हवाले से।

इस किताब में मेरी उर्दू में छपने वाली पहली 5 किताबों में

से सिर्फ़ कुछ चुनिंदा ग़ज़लें शामिल की गयी हैं। नज़्मों को अगली, सिर्फ़ नज़्मों की किताब के लिए बचा रखा है। मेरी शायरी मेरी ज़िन्दगी का मन्ज़ूम सफ़रनामा है। मैंने जो जिया, वो लिखा और जो जिये बग़ैर लिखा वो बाद में जिया, या शायद यूँ कहना ज़्यादा दुरुस्त होगा कि जीना पड़ा।

मीर साहब दिल्ली की जामा मस्जिद की सीढ़ियों पर बैठे दोस्तों की ज़बान पर फ़ख़्र करते थे कि दिल्ली से थे। मैं इस ज़मीन का वासी हूँ तो क्यों अपने वतन में बसते लोगों की उर्दू को जो मैं उनसे बातचीत करने के लिए इस्तेमाल करता हूँ, अपनी शायरी में इस्तेमाल ना करूँ और फिर क्यों इस पर फ़ख़्र ना करूँ। वो तमाम तरकीब जो मतरूक हों या नयी, अगर शेर को हसीन बनाती हैं तो मैं उनके इस्तेमाल में कोई हर्ज नहीं समझता। मुझे 'शब-ए-बरात' भी उतनी ही अज़ीज़ है जितनी 'शब-ए-दिवाली'। 'गुल रूत', 'ख़ुलूस-ओ-प्यार', 'दिल-ए-पागल' वग़ैरा को मैं दुरुस्त मानता हूँ। ग़रज़ कोई भी ऐसी तरकीब जिससे पुरानी रिवायत के अलावा किसी हिस को कोई तकलीफ़ नहीं पहुँचती, मैं जायज़ समझता हूँ। मैंने कभी किसी अदबी या ग़ैर-अदबी लाइन में खड़े होकर ख़ुद पर कोई नम्बर लगवाने की ज़रूरत महसूस नहीं की। ये मेरा दौर है। इसमें नामावरी के लिए कबूतर इस्तेमाल नहीं होते। आज डाक, एक शहर से दूसरे शहर भेजने के लिए घोड़ागाड़ी इस्तेमाल नहीं की जाती। हम फोन, ई-मेल, फेसबुक और यूट्यूब के दौर में जी रहे हैं। मैं अपने माज़ी से जुड़ा रहकर हाल में जीना और मुस्तक़बिल के ख़्वाब देखना और दिखाना चाहता हूँ। मैं किसी एक शहर या एक मुल्क का वासी नहीं हूँ। मैं पूरी दुनिया का, इस ज़मीन का शहरी हूँ और अपने वतन को देखना, खँगालते रहना मेरी ज़िन्दगी है। मेरा वतन बोहुत बड़ा है। इसमें हर तरह की बेशुमार ज़बानें बोलने वाले लोग बसते हैं। चुनांचे आपको मेरी ग़ज़लों में कई अछूते रंग, बोहुत से अजनबी ज़ायके और ढेरों अनोखे जज़्बे मिलेंगे। मैं आपको यक़ीन दिलाता हूँ कि अगर आप

अपने ज़हन-ओ-दिल पर पड़े रिवायती शायरी के ताले खोलकर इन ग़ज़लों को पढ़ेंगे तो अक्सर जगहों पर आपकी ख़ुद से मुलाक़ात ज़रूर होगी।

'कहना उसे' की इशाअत के ख़याल की पैदाइश तक़रीबन 10-12 बरस पहले हुई थी। लेकिन इस बीज को परवान ना चढ़ा सकने का ज़िम्मेदार सिर्फ़ मैं हूँ। मेरे पुरखुलूस दोस्तों ने कई बार ये बीड़ा उठाया लेकिन किसी न किसी वजह से ये तहरीक सुबह होने से पहले ही धुआँ होती रही। अगर इन 10 सालों पर फैली इस पूरी कहानी के हर किरदार का किस्सा बयाँ करूँ तो ग़ज़लों के लिए दूसरी किताब की ज़रूरत पेश आयेगी।

लेकिन अगर सिर्फ़ कुछ दोस्तों का ज़िक्र करूँ और बाक़ियों को रहने दूँ तो वो रह जाने वाले दोस्तों के साथ ज़्यादती होगी। इसलिए कोई भी नाम लिए बगैर शायद सिर्फ़ ये कह देना मुनासिब होगा कि अगर मेरे तमाम दोस्तों ने वो सब कुछ ना किया होता जो उन्होंने किया तो आज ये किताब आपके हाथों में ना होती। और इसके लिए मैं अपने उन तमाम दोस्तों का तहे दिल से मश्कूर हूँ।

इस किताब को मुकम्मल करने में जिस शख़्स का अहम योगदान है, मैं उनके बारे में दो शब्द आपको बताना चाहता हूँ– बहुप्रतिभाशाली शख़्सियत डॉ. मृदुला टंडन, 24 सालों से कार्यान्वित पंजीकृत सामाजिक संस्था, साक्षी की अध्यक्षा हैं। चिकित्सक, एन्तेर्प्रेनेउर, गोल्फर और समाज सेविका जैसे विविध क्षेत्रों में अपनी पहचान क़ायम करने वाली मृदुला टंडन आर्म्ड फ़ोर्सेस मेडिकल कॉलेज की स्नातक हैं। शिक्षा को अहम और जीवन की बुनियाद मानने वाली डॉ. मृदुला ज़िन्दगी के हर पहलू में सशक्तीकरण पर विश्वास रखती हैं। उनका कार्यक्षेत्र सरकार के ऊँचे दफ़्तरों से लेकर, बस्तियों और झुग्गियों तक विस्तृत है।

भारतीय कला और संस्कृति को बढ़ावा देने और युवा वर्ग में उसकी रुचि जगाने हेतु डॉ. मृदुला टंडन ने साक्षी संस्था द्वारा देश-विदेश के अनेक मंचों से उच्च कोटि के कलाकारों के साथ

अविस्मरणीय और अनूठे कार्यक्रम किये हैं। इस किताब में उनका सहयोग उनकी इसी भावना से जुड़ी एक कड़ी है।

आख़िरी बात। अगर आप मेरी ज़िन्दगी के इस सफ़रनामे से गुज़रते हुए अपनी किसी पॉज़िटिव या निगेटिव राय में इतनी शिद्दत पायें कि उसे मुझसे शेयर करने की ख़्वाहिश आपको मुझसे राबता करने पर मजबूर कर दे तो मेरा ईमान अपने एहसास के इज़हार की ताक़त पर और मज़बूत हो जायेगा। लेकिन अगर ऐसा कुछ ना हो तो भी मैं मुतमईन ही रहूँगा कि दोनों सूरतों में, आज की मसरूफ़ ज़िन्दगी में से आप ने जो वक़्त मेरी ग़ज़लों के साथ गुज़ारा है, वो ही मेरे लिए किसी एवार्ड से कम नहीं।

फ़रहत शहज़ाद

8 मार्च, 2016, दिल्ली

email : farhatalishahzad@yahoo.com

अनुक्रम

कनाया–जब बात को खुल कर बयान करने के बजाय, इशारतन बयान किया जाये। जैसे, "वो पूछता था गया कैसे रायेगां जीवन, मैं कह ना पाया मुझे इंतजार उसका था।" यहाँ 'वो' से मुराद महबूब भी ली जा सकती है और खुदा भी।

तसबीह–किसी चीज़ को, उसके हुस्न को, उस से ज्यादा हसीन, कीमती चीज़ से बयान करना, जैसे, "गुम सुम शरमाए बैठे हो, याकूत से लब खोलो तो सही", यहाँ महबूब के लब को याकूत से तसबीह दी गयी है जो एक सुर्ख रंग का बेशकीमती पत्थर है।

इस बयान को **इसतारा** पर ख़त्म करती हूँ। **इसतारा**, लफ़्ज़ मुसतार से निकलता है, जिसका मतलब है उधार लेना। शेर में इसका इस्तेमाल किसी खूबी या ख़ामी को बराहे रास्त कहने के बजाय किसी को उसका बदल बना कर कहा जाये। जैसे, किसी बहादुर इंसान को शेर कह दिया जाये या किसी चालाक आदमी को लोमड़ी कह दिया जाये।

'कहना उसे' की किताबत का पहला मस्ला था, इसको देवनागरी में लिखना और दूसरी बात पृष्ठों पर चुनी हुई तस्वीरों को सही अंदाज़ में डालना। फ़रहत शहज़ाद और मैंने साथ बैठ कर, ग़ज़ल के मिज़ाज को समझते हुए, एक-एक तस्वीर, बनायीं/चुनीं। हम दोनों चाहते थे कि तसवीरें केवल एक हलके आकार में दिखें, उस अधूरी सी झलक में पाठक अपने रंग खुद भर ले। इस काम में (टाइपिंग और चित्रों को सही तरीक़े से प्रस्तुत करना), मेरी सहेली आभा भनोट ने सहायता करी–उसका और उसकी टीम का मैं तहेदिल से शुक्रिया अदा करती हूँ।

आख़िरी बात–चलते-चलते एक बात पर ज़ोर दूँगी कि शायर हमारे समाज को आईना दिखाता है। समाज में हो रही हर परिस्थिति, हर वाकया का उसके दिल और दिमाग़ पर जो असर पड़ता है, उसकी अभिव्यक्ति शायर अपनी क़लम द्वारा हमारे सामने लाता है। ये क़लम की ताक़त है जो पूरे समाज को सोचने और बदलने पर मजबूर कर देती है, ये किताब एक शायर की बात को आप तक लाने की कोशिश है।

–डॉ. मृदुला टंडन
अध्यक्षा, साक्षी संस्था